재미가 배움이 되는 시간
✕
인생 보드게임

재미가 배움이 되는 시간

인생 보드게임

박윤미 & 정인건 지음

나무의마음

차례

전략적 사고
Strategic Thinking

수리력
Mathematics

순발력과 집중력
Agility, Concentration

공간지각능력
Space Perception

5장

언어와 어휘력
Language, Vocabulary

6장

추리력과 상상력
Inference, Imagination

퀴즈와 상식
Quiz, General Knowledge

행운
Luck

보드게임은 사랑입니다

 Mama's

미국 유학 시절과 캐나다 공립학교에서 교사로 일할 당시 현지 가정에 초대받아 갔을 때 자주 접했던 놀이가 보드게임입니다. 그들은 서먹함을 달래고 시간을 즐거움으로 채우기 위해 체커나 우노처럼 간단한 보드게임들을 꺼내 오곤 했지요. 그때 즐겼던 보드게임에는 상상하지 못한 가치가 담겨 있었습니다. 재미뿐 아니라 지성과 감성은 물론, 공감 능력과 통찰력, 소통 전략까지 모든 게 들어 있다고 해도 과언이 아니었죠. 도드라지는 교육적 효과도 놀라웠지만, 그 안에 사람과 사람을 이어주는 힘이 있다는 사실은 제가 보드게임에 반할 수밖에 없는 결정적 이유였습니다.

결혼 후 초등학생 대상으로 영어 도서관을 운영할 때도 선택했던 학습법이 보드게임이었습니다. 공부 이전에 학생들과 유대감을 두둑하게 쌓기 위함이었지요. 다양한 자극으로 수업에 생기를 불어넣기 위해 1,000권이 넘는 영어책과 100개가 넘는 보드게임을 사들여 매주 아이들과 즐겼더니 교육은 저절로 되더군요. 도서관이라고 하니까 가만히 앉아 책만 읽을 줄 알았는데 다양한 보드게임까지 해볼 수 있게 되니 아이들은 놀러온 듯한 행복감에 어려운 내용을 배워도 흥미를 잃지 않고 적극적으로 배우러 달려들었습니다. 보드게임을 할 수 있다는 이유만으로 종종 도서관이 영원히 문을 닫지 않았으면 좋겠다고 눈을 빛내며 말할 정도였지요.

보드게임을 두고 마주 앉아 소통하는 시간이 늘어날수록 서로에 대한 이해와 관심은 깊어질 수밖에 없습니다. 그것도 아주 재미있는 시간 속에서요. 또한 게임판 위에서 바삐 움직이는 아이들의 눈빛과 제스처만 잘 살펴도 그들의 내면과 기질을 알 수 있어 마치 심리 상담가처럼 적절한 조언을 전해줄 수도 있게 됩니다. 그렇게 한 아이 한 아이 깊이 이해하고 나면 그때부터 그 아이를 더욱 진심으로 아끼게 되는데, 그걸 알아차린 아이들이 부응이라도 하듯 몸과 마음이 자라나는 걸 목격할 수 있었습니다. 그런 단단한 믿음과 유대감을 토대로 자기 할 일, 심지어 공부까지도 알아서 하는 모습을 보면서 보드게임을 향한 저의 사랑은 헤아릴 수 없이 커지기만 했습니다.

이 경험을 바탕으로 부모가 먼저 읽고 자녀와 함께 직접 해볼 수 있도록 전 세계인에게 오랫동안 사랑을 받아온 정통 보드게임 52개를 엄선해 그 안에 들어 있는 삶의 지혜와 철학, 교육적 효과를 엮었습니다. 보드게임의 특별한 가치에 걸맞게 1년여에 걸쳐 멋진 장소를 찾아다니며 우리 부부가 직접 찍은 사진들과 함께요. 모쪼록 이 책이 보드게임의 진정한 가치를 발견하고 보드게임과 사랑에 빠지는 계기가 되기를 희망합니다.

Papa's

입사 후 6개월간 미국 실리콘 밸리로 장기 출장을 떠난 적이 있습니다. 한국에서도 보드게임을 즐기던 전 그곳의 클럽에서 취향이 맞는 외국인들과 곧잘 '매직 더 개더링'이라는 보드게임을 하곤 했습니다. 한바탕 즐겁게 즐기다 보니 보드게임이 마치 세계 공용어처럼 느껴지더군요. 언어는 통하지 않았지만, 그 어느 때보다 즐겁게 언어의 장벽조차 훌쩍 뛰어넘어 그들과 소통할 수 있었으니까요. 당시 종종 들렀던 라스베이거스에서 즐긴 '블랙잭'은 카드놀이에 대한 선입견을 바꿔놓기도 했는데, 알고 나니 이토록 조직적인 놀이이자 취미를 그간 도박으로 치부한 게 미안해질 정도였습니다. 직접 즐겨보니 '블랙잭'은 사람과 사람 사이를 이어주는 명쾌하고도 체계적인 매개체더군요.

늘 일에 치여 아이들과 시간을 많이 보내지 못하는 아빠에게 보드게임은 아이들과의 연결고리가 되어주는 고마운 도구이기도 합니다. 최소한 주말에라도 아이들과 보드게임을 하면서 그들의 성장 과정을 놓치지 않고 지켜볼 수 있으니까요. 무엇보다 아이들의 유년 시절이 엄마 아빠와 함께 누린 웃음과 재미로 꽉 찼을 걸 생각하면 내심 뿌듯한 마음이 들기도 합니다.

자녀의 타고난 기질이나 특성을 가장 잘 살필 수 있는 사람도, 그것을 북돋우며 키워야 하는 사람도 부모입니다. 그런 의미에서 보드게임은 좋은 부모가 될 수 있게 도와주는 조력자 같은 장치라고 할 수 있지요. 아이들과 함께 보드게임을 하다보면 감정 조절이나 양보의 미덕, 성공과 실패를 대하는 자세까지 알려줄 수 있습니다. 또한 규칙을 이해하고 전략을 짜며 유연하게 사고하는 습관이 밴 아이들일수록 협동과 배려의 중요성을 깨닫기도 해 올바른 인성과 사회성을 키워주는 데에도 더할 나위 없이 좋은 도구가 보드게임입니다.

우리 부부는 두 아이의 부모가 된 이후 더욱 뜻깊게 보드게임을 활용했다는 자부심에 의기투합해서 이 책을 쓰게 되었습니다. 평소에도 각종 설명서를 읽기 좋아하는 제가 20년 동안 반도체를 설계해온 꼼꼼함으로 보드게임에 대한 배경지식과 게임 방법을 정리했고, 한때 교육방송을 진행해 교육과 소통에 관심이 많은 아내가 보드게임을 하면서 깨달았던 점을 자신만의 목소리로 풀어냈습니다.

보드게임에 순위를 매기는 건 아무 의미가 없습니다. 취향에 따라 선택한 보드게임이 사람과 사람을 연결해주고 웃게 만든다면 그것이야말로 최고의 게임이라 할 수 있겠지요. 만약 여러분이 그런 '인생 보드게임'을 이 책에서 찾게 된다면 이 책을 쓴 저자들로서 더 바랄 게 없겠습니다.

그럼 이제 사랑하는 사람들과 보드를 펴고 마주 앉아 도전해보세요. 이 책의 가치는 오직 직접 도전해볼 때만 제대로 느낄 수 있다는 사실을 기억해주시고요. 그러다 보면 지금 펼친 보드게임 그 끝자락에는 언제나 따뜻한 기억과 사랑이 깃들 것입니다.

엄마 박윤미 & 아빠 정인건

우리 아이를 위해 엄선한
보드게임 52

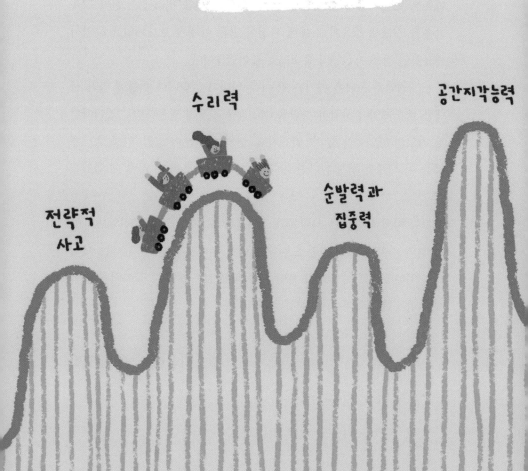

수리력

공간지각능력

전략적
사고

순발력과
집중력

보드게임 선정 기준

이 책에 담긴 보드게임들은 국내는 물론 미국과 캐나다에서 직접 접하거나 현지 선생님들에게 추천받아 소장하게 된 보드게임 중 우리 아이들과 학생들을 가르칠 때 가장 반응이 좋고 교육적 효과가 높았던 것들이다. 클래식 게임 외에도 멘사 셀렉트 및 해외 사이트 인기 추천 목록에 포함된 것들 중에서 규칙이 쉽고 간단해 가족 모두가 즐길 수 있는 보드게임 52개를 엄선했다.

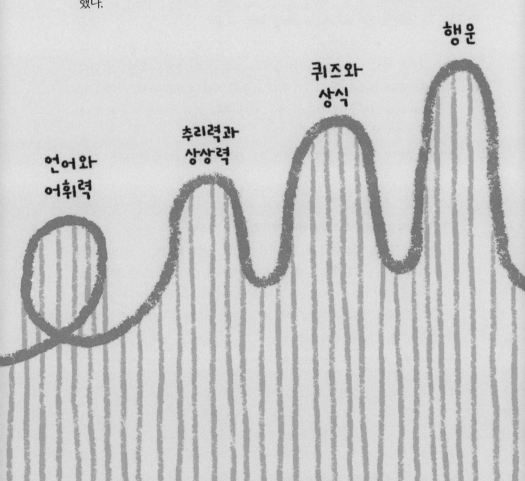

언어와
어휘력

추리력과
상상력

퀴즈와
상식

행운

보드게임 추천 목록

수많은 보드게임 중 52가지를 엄선해 전략적 사고, 수리력, 순발력과 집중력, 공간지각능력, 언어와 어휘력, 추리력과 상상력, 퀴즈와 상식, 행운 8가지 범주로 분류했다. 주어진 상황과 조건 속에서 다양한 보드게임을 즐기다 보면 교육 효과는 저절로 따라오게 될 것이다.

① 전략적 사고Strategic Thinking

체스, 디노 체커, 하이브, 마라케시, 스플렌더, 쿼리도, 백개먼

전략적 사고는 보드게임만이 아니라 학업과 사회생활, 인간관계 전반에 필요하다. 전략적 사고의 진정한 가치는 경쟁을 승패가 아닌 즐거운 속성으로 인식하게 해준다는 점에 있다. 이기기 위해 골몰히 짜낸 전략일지라도 그것이 활약하는 재미를 알게 되면 비로소 여유, 활력, 배려, 존중을 포용하게 되기 때문이다. 전략적 사고는 성장을 위한 값진 동력임이 틀림없다.

➡ 그 외 : 틱택토, 장기, 마작, 티켓 투 라이드, 아줄, 카탄, 카르카손, 윙스팬 등이 있다.

② 수리력Mathematics

만칼라, 셧더박스, 루미큐브, 스킵보, 플레잉 카드(트럼프), 키즈멧

보드게임의 규칙은 대부분 수학 공식처럼 논리와 체계를 바탕으로 만들어진다. 또한 수의 순서, 크기의 비교, 덧셈, 뺄셈 등 기초 수학을 기반으로 만들어진 게임들이 많아 아이들에게 수에 대한 감각을 쉽게 일깨우고 수학에 대한 자신감을 키워주기 좋다. 쉽고 재미있게 즐긴 보드게임이 가랑비에 옷 젖듯 수학과 흠뻑 친해지는 계기를 제공해줄 것이다.

➡ 그 외 : 우노, 페이즈 10, 다빈치 코드, 매쓰 다이스, 하이 호! 체리-오, 크리비지 등이 있다.

③ 순발력과 집중력Agility, Concentration

스팟잇, 스위시, 5초 준다, 잭스, 라비린스

주어진 시간 안에 답을 말하고, 정답을 외치기 위해 벨을 누르려면 순발력이 있어야 한다. 살면서 순발력이 필요한 이유는 결정적인 순간에 주저하지 않고 빠르게 판단하는 일이 올바른 선택과 위기 대처 능력으로 직결되기 때문이다. 게임을 통해 결단력을 키우는 연습을 미리 해본다면 인생의 수많은 선택지 앞에서 최상의 결론을 끌어내는 일이 그리 어렵지만은 않을 것이다.

➡ 그 외 : 할리갈리, 롤&플레이, 아이 스파이 빙고, 픽츄레카!, 헝그리 헝그리 히포즈 등이 있다.

④ 공간지각능력Space Perception

블로커스, 스퀘어 바이 스퀘어, 커넥트 포, 가블리트, 마법의 미로, 팁오버, 시퀀스

문제를 해결할 때 시야의 반경은 넓을수록 유리하다. 시야가 2차원에 머무르지 않고 3차원(3D) 혹은 그 너머를 이해하는 수준이 된다면 문제해결능력만 향상되는 게 아니라 현재를 이해하고 미래를 대비할 수 있는 사고력 또한 발달한다. 공간지각능력의 향상은 물리적 공간의 이해를 넘어 본질을 명쾌하게 바라보는 사고력과 시야의 확장까지 가져다줄 것이다.

➡ 그 외 : 쿼클, 우봉고, 러시아워, 브릭 바이 브릭, 그래비티 메이즈, 호퍼스 등이 있다.

⑤ 언어와 어휘력Language, Vocabulary

보글 주니어, 더 리딩게임, 애플즈 투 애플즈 주니어, 로리의 스토리 큐브즈, 아이 캔 두 댓, 픽셔너리

보드게임에서 언어를 사용할 땐 상당한 집중력이 요구된다. 한 음절도 허투루 내뱉지 않아야만 승리하는 게임도 있기 때문이다. 말에 신중함이 생긴다는 건 말의 가치를 이해한다는 뜻이고, 이 가치를 아는 사람이 독서와 말하기를 좋아하게 되는 건 더할 나위 없이 자연스러운 일이다. 보드게임을 통해 말과 글에 충실하게 되는 건 짜릿한 수확임이 분명하다.

➡ 그 외 : 스크래블, 징고, 팝 포 사이트워드, 사이트워드 스왓!, 워드플레이 포 키즈, 스냅 잇 업, 인 어 피클, 센텐스 빌딩, 테이블토픽스 15 등이 있다.

⑥ 추리력과 상상력Inference, Imagination

클루, 피버, 게스 후?, 헤드밴즈, 초콜릿 픽스, 더 뉴요커 카툰 캡션 게임, 배틀쉽

게임에서도 인생에서도 보이는 게 다가 아니다. 주어진 단서를 통해 보이지 않는 것의 해답을 찾는 추리력은 인간이 가진 최선의 해결 능력 중 하나이다. 추리력과 상상력은 때때로 인간의 숨겨진 심리를 읽어내 관계를 개선하기도 하고, 다가올 미래에 미지의 영역을 상상하고 예측하는 매개체로서 우리에게 궁극의 힌트를 제공하기도 한다.

➡ 그 외 : 셔레이드 포 키즈, 이스케이프 룸, 미스테리움, 리들 무 디스, 딕싯 등이 있다.

⑦ 퀴즈와 상식Quiz, General Knowledge

스마트 애쓰, 헬씨 헬핑, 패스포트 투 컬처, 휠 오브 포춘, 싱크 빅 사이언스, 썸바디, 브레인박스

모든 주제는 퀴즈로 만들어질 수 있고, 그리하여 모든 지식은 퀴즈로 습득할 수 있다. 재미를 동반한 끝없는 문답의 시간은 지적 호기심의 충족과 더불어 서로를 알아가는 지극히 다정한 시간을 마련해주기도 한다. 지성과 사회성 두 마리 토끼를 다 잡고 싶다면 퀴즈를 선택하는 일만큼 현명한 방법도 없을 것이다.

➡ 그 외 : 트리비얼 퍼슈트, 브레인 퀘스트, 로디드 퀘스천스, 카르멘 샌디에고 등이 있다.

⑧ 행운Luck

스네이크 앤 래더스, 모노폴리, 비지 타운, 파치시, 피드 더 키티, 쏘리, 인생 게임

이기고 지는 싸움과 치열한 경쟁이 계속되는 보드게임에도 달콤한 희망이 하나 있다. 바로 주사위, 스피너, 카드가 때때로 가져다주는 행운이다. 언제든지 행운이 찾아올 수 있단 사실 덕에 우리의 도전은 아직 끝나지 않았음을 알고 포기하지 않을 수 있다. 게임에서도 인생에서도 여전히 기회가 있다는 희망은 언제나 우릴 달콤하게 지탱해줄 것이다.

➡ 그 외 : 캔디 랜드, 윷놀이, 얼라우언스 게임, 뱀부즐드, 트위스터 등이 있다.

보드게임 여행을 떠나기 전에
알아두어야 할 사항

1. 이 책에서 소개하는 각 게임의 권장 연령은 만 나이 기준이고, 다양한 연령층의 아이들과 보드게임을 해온 저자의 경험을 토대로 작성된 주관적인 제안이므로 실제 상품에 표기된 연령과는 다를 수 있습니다.

2. 이 책에서는 저자가 소장하고 있는 보드게임을 기준으로 게임 방법을 설명하고 있습니다. 보드게임은 제작 시기와 버전에 따라 규칙에 차이가 있을 수 있으니 실제 게임을 하실 때는 갖고 계신 보드게임의 사용설명서를 확인하시기 바랍니다.

3. 이 책에서는 총 52개의 보드게임을 8가지 교육적 효과로 분류해 범주화했습니다. 이는 가장 핵심이라고 생각하는 요소로 범주화했을 뿐 실제로는 하나의 보드게임이 여러 범주 안에 포함될 수 있습니다.

1장

전략적 사고
Strategic Thinking

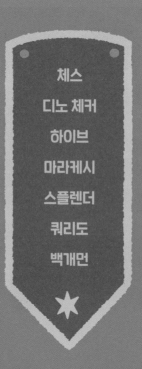

체스

디노 체커

하이브

마라케시

스플렌더

쿼리도

백개먼

체스
CHESS

 2명

 약 30분

 6세 이상

매너가 승자를 만든다

체스의 히스토리

전 세계적으로 가장 널리 알려진 보드게임은 무엇일까? 바로 격자무늬 판과 각기 다른 모양의 말을 이용해 승부를 겨루는 체스다. 체스의 어원은 프랑스어로 왕을 뜻하는 '에쉑eschec'에서 유래되었는데, 동양의 장기와 마찬가지로 6세기 인도 굽타 왕조가 즐겼던 게임 '차투랑가Chaturanga'가 그 기원으로 알려져 있다.

차투랑가는 페르시아와 아랍을 거쳐 유럽으로 전해진 뒤에 코끼리 말은 비숍(주교), 재상은 퀸으로 바뀌고 폰이 두 칸 전진하는 룰도 추가되면서 진행 방식 또한 속전속결이 되었다. 퀸은 원래 대각선으로 한 칸만 움직였는데, 15세기 스페인의 이사벨 여왕이 콜럼버스의 신대륙 항해를 후원하고 무적함대 시대를 여는 등 종횡무진 활약하자 어디로든 원하는 만큼 움직일 수 있는 가장 막강한 말이 됐다고 한다.

체스는 주사위나 카드처럼 운에 기댈 수 있는 부분이 크지 않고, 게임에 임하는 사람의 판단과 전략이 중요하다는 점에서 추상 전략 게임

으로 분류된다. 격자무늬 보드 양쪽 두 줄에 16개의 기물을 배열한 뒤 한 사람씩 번갈아가며 기물을 움직여 상대의 킹이 공격을 벗어날 수 없는 체크메이트 상황으로 몰아넣는 것이 목표다.

체스를 두려면 각 기물이 움직이는 특성을 잘 이해해야 한다. 먼저 킹은 다른 기물에 막히지 않는 한 상하좌우 직진, 대각선 등 어느 방향으로든 한 칸씩 움직일 수 있다. 퀸(1개)은 상하좌우 직진, 대각선으로 원하는 만큼 움직인다. 룩(2개)은 상하좌우 직진으로만, 비숍(2개)은 대각선 방향으로만 이동한다. 나이트(2개)는 두 칸 직진 후 좌우 어느 쪽으로든 한 칸 더 가는 조합으로 움직이며 유일하게 다른 기물을 뛰어넘을 수 있다. 마지막으로 폰(8개)은 앞으로만 한 칸씩 이동하며 최초 이동

시에는 두 칸을 전진할 수도 있다. 바로 앞 대각선 방향에 있는 상대편 말을 잡을 수 있고, 상대편 진영 끝에 다다르면 퀸으로 승격되는데, 이를 '프로모션'이라 부른다.

첫수가 한 수

어느 게임이든 첫수가 중요하다. 체스를 시작하는 방법은 '킹즈 폰 오프닝', '퀸즈 폰 오프닝', '루이 로페즈', '시실리안 디펜스' 등 다양한데, 하나같이 보드 중앙을 장악하면서 기물을 최대한 잃지 않는 것이 목표다.

체스 천재 소녀의 이야기를 다룬 넷플릭스 드라마 제목이기도 한 〈퀸즈 갬빗〉 역시 체스 오프닝의 한 종류로, 첫수에 퀸 앞에 있는 백색 폰을 두 칸 앞으로 전진시키는 방법이다. 이것은 폰을 의도적으로 내어줌으로써 퀸이 체스판의 중앙을 점령할 수 있도록 길을 터주는 전략이다. 드라마 주인공이 결승전에서 이 방법을 써서 더 유명해졌다.

이 밖에 최초 두 칸 전진한 폰을 한 칸만 전진한 것으로 간주하고 잡는 '앙파상', 특정 조건에서 킹과 룩의 위치를 동시에 바꿀 수 있는 '캐슬링' 등도 꼭 알아둬야 할 규칙이자 중요한 전략이다.

교양 있고 전략적인 왕들의 게임

"체스! 왕들의 게임이죠. 교양 있고, 전략적인."

영화 〈쇼생크 탈출〉에서 억울하게 감옥에 갇힌 앤디가 다른 죄수 레드와 체커를 두다가 문득 이렇게 말한다. 이에 레드는 "머리 쓰는 건 싫어"라고 받아치지만 앤디가 돌을 깎아 체스 말을 만들 수 있도록 석고와 활석까지 구해다 준다.

체스는 너무도 다른 두 주인공이 우정을 확인하는 장면에서 처음 언급된 이후 영화의 주요 장면을 관통하며 서사를 이끌어간다. 당시 앤디가 체스 말을 조각하는 모습에 푹 빠졌던 나는(엄마) 그 장면을 잊지 못해 스무 살에 체스를 배우고, 첫 월급을 받았던 20대 중반엔 무려 13만 원짜리 폴란드산 수제 체스판을 손에 넣었다.

그렇게 '교양 있고 전략적인' 고가의 보드게임을 집에 묵혀둘 수는 없어 곧잘 들고 나가 체스를 둘 줄 아는 사람과 겨루곤 했더니 초보자들 사이에선 한때 '체스왕'이라 불리기도 했다.

어릴 때 할아버지와 즐겨 두던 장기 이후 다시 집중하게 된 첫 보드게임이 체스인 셈인데, 이 게임은 내게 신대륙만큼이나 짜릿한 깨달음을 남겼다. 승부가 결정나는 시점에 체스의 규칙이 보여주는 태도를 통해 경쟁에 필요한 최고의 덕목은 교양 있는 태도라는 사실을 알게 되었기 때문이다.

인생은 피할 수 없는 경쟁의 연속이다. 경쟁이 달갑지 않은 건 누구나 겪어봤을 패자의 좌절감에서 기인한다. 보드게임에서도 전략이 약했든, 운이 나빴든 패배는 결코 유쾌한 일이 아니기 때문에 이를 직감한 아이들은 불쑥 판을 뒤엎거나 눈물로 호소하며 승자를 향해 팔딱팔딱 따지기도 한다. 더욱이 체스처럼 왕을 상징하는 기물이 있을 땐 왕좌를 지키기 위한 승부로 가열되어 패자의 부들거림이 거세지곤 해 이 떠들썩한 소란을 어찌 모면해야 할지 몰라 진땀이 날 정도다.

부모로서는 패배감이 좌절로 변하고, 좌절이 행여 포기로 번질까 싶어 차라리 경쟁을 피하게 하고 싶기도 하지만, 이런 회피야말로 가장 쉬운 포기이고, 힘들 때마다 아이들에게 도망치라고 가르치는 것과 다를 바 없다는 걸 명심해야 한다. 쓰라린 패배 역시 살면서 우리가 겪어내야 할 자연스러운 과정임을 가르칠 소중한 기회로 받아들이는 게 좋다. 시간과 지혜의 축적은 결국 아이에게 의연함을 일깨워줄 테니까 말이다.

유럽의 기사도 정신을 이어받은 체스의 규칙 하나는 경쟁을 대하는

체스는 패자를 적으로 만들지 않고 벗으로 남게 하는 승자의 태도를 알려준다.
영원한 승자도 패자도 없는 게임에서 승리의 순간 필요한 건 정중한 침묵이란 사실 말이다.

올바른 태도를 보여준다. 장기에서 "장군"을 외치는 것처럼, 체스에서도 킹을 궁지로 몰아넣은 체크메이트 상황이 되면 "체크"를 외치는데, 이때 장기와 달리 상대편 킹을 잡거나 밀어내지 않는다. 패자가 말로써 패배를 인정하거나 스스로 킹을 쓰러트리며 물러날 때까지 승자는 잠자코 지켜보며 예의를 지키는 것이 규칙이다. 마치 앤디가 말한 '교양 있는' 그 대목처럼 말이다. 어쩌면 승리에 들뜬 순간에도 예의를 갖추도록 한 것이 체스가 '교양 있는 왕들의 게임'이라고 평가받는 이유일지도 모른다.

인생에서도, 보드게임에서도 시종일관 이기고 살 수는 없다. 승리는 박수받을 만한 성취지만, 승자의 오만한 태도는 주변 사람들의 반감을 사기 쉽다. 체스는 패자를 적으로 만들지 않고 벗으로 남게 하는 승자의 태도를 알려준다. 영원한 승자도 패자도 없는 게임에서 승리의 순간 필요한 건 정중한 침묵이란 사실 말이다.

Tips for Honey

체스는 역사가 오래된 만큼 수많은 경우의 수에 대처하는 전략과 전술이 무수히 개발되어 있다. 아무리 전략과 전술이 뛰어나도 상대의 수에 따라 계획이 틀어질 수 있는 것이 체스의 묘미다. 유명한 공격술 혹은 방어술을 찾아 적용해보고 그 유래를 살펴보는 것도 체스의 재미를 더한다.
온라인으로 대전할 수 있는 www.chess.com을 이용하는 것도 방법이다. 세계 각국 사람들과 겨루며 국가별, 수준별로 다양한 경험을 해볼 수 있다.

디노 체커
DINO CHECKERS

 2명

 약 20분

 5세 이상

경험은 창조의 밑천이다

디노 체커의 히스토리

체커는 체스와 이름은 비슷해도 엄연히 다른 게임이다. 체스에 비해 규칙이 단조롭고, 상대방 말을 모두 잡으면 이기는 게임이라 체스 입문용으로 많이 권한다. 진입 장벽이 낮아 체스보다 더 대중적이기도 한 체커는 해외에선 어느 마트에서나 쉽게 찾을 수 있을 만큼 본연의 매력이 짙은 기본 중의 기본 게임으로 통한다.

체커판의 국제 규격은 10×10 보드지만 우리나라에서는 일반적으로 영미권 기준의 8×8 보드를 사용한다. 멘Men이라 불리는 말은 흑(어두운색)과 백(밝은 색) 등 색깔로만 구분되고 모양은 모두 같다. 두 사람이 각자 12개의 말을 체커판 양쪽 끝 세 줄에 걸쳐 짙은 파란색 칸에 배치하면 게임이 시작된다.

체커의 말은 좌우 대각선으로 한 칸만 전진할 수 있고 상대 말과 대각선으로 마주하게 됐을 때, 상대 말 뒤 칸이 비어있다면 그 말을 잡고 빈칸으로 이동할 수 있다. 이런 식으로 한 번에 최대 3개까지 연속으로

상대 말을 잡을 수 있는데, 이 때문에 체커에서의 전진은 빈틈을 보이지 않고 무리를 지어 이동하는 편이 안전하다. 특히 마지막 줄의 멘은 비상시를 대비해 되도록 자리를 지키는 것이 좋다. 섣불리 독자적으로 움직이다 보면 대부분 오래 살아남지 못한다. 체스에서 폰이 상대 보드 끝에 이르면 승격되는 것처럼 체커에서도 보드 끝에 도착한 멘은 킹으로 승격된다. 킹이 되면 후진도 가능해진다.

공룡과 함께 체커 도전하기

미국 유학 시절 가장 흔하게 봤던 보드게임이 체커다. 초대받아 간 집마다 체커가 있길래 교포들의 필수 교구인 줄 착각할 정도였다. 훗날 체스만큼 유명한 게임이란 걸 알고 나서야 부랴부랴 체커를 사려고 기웃거리던 중 내 눈길을 단박에 사로잡은 보드게임이 있었으니 바로 디노 체커였다.

1989년에 발매된 디노 체커는 체커 게임의 공룡 버전이다. 본래 두툼한 동전 모양의 흑백

말(멘)을 주황색 아파토사우르스와 청록색 스테고사우르스로 바꿨을 뿐인데 우리 집 아이들의 열렬한 반응과 뜨거운 함성을 끌어냈다. 초식 공룡들이 부지런히 전진해 보드 끝에 도착해 육식 공룡인 티라노사우르스로 승격할 때면 두 아이 모두 감격스러워했고, 반면 잡아먹힌 말이 화산 속 불구덩이로 떨어질 땐 마치 세상이 무너지기라도 한 표정을 지어 보였다.

공룡과 화산 속 용암이라는 극적인 설정 덕에 아이들은 곧바로 체커의 매력에 빠져들었고, 공룡의 매력에 취해 규칙 이해와 전략 습득은 어느 때보다 재빨랐다. 기물이 움직일 때마다 공룡에 관해 아는 지식을 뽐내는 즐거움은 디노 체커라서 가능했던 뜻밖의 덤일 것이다.

기존의 동그란 멘이 공룡 기물로 바뀐 순간부터 아이들은 마치 그 안에 생명이 깃든 것처럼 반드시 지켜내야 한다는 절박함을 느꼈던 것 같다. 공룡을 애지중지하는 아이들의 모습 속에서 작은 발상의 전환이 주는 놀라운 힘을 실감했다. 체커가 공룡 옷을 입었을 뿐인데, 그 순간 최고의 보드게임으로 재탄생한 것이다.

해봤어? 해보고 얘기하자

나는 경험 예찬론자이다. 뭐든 해보는 것이 안 하는 것보다 낫다고 생각한다. 마냥 쉬고 싶은 주말에도 아이들과 보드게임을 하는 이유는 그 경험의 힘을 믿기 때문이다. 디노 체커를 만든 개발자도 체커를 먼저 해

디노 체커를 좋아했던 아이가 어느 날
새롭고 흥미로운 게임을 개발하는 것을 넘어 2억 년 전 '쥬라기 공원'에 살았던
진짜 공룡을 되살려내려는 꿈을 키우는 것도 그리 놀랄 일은 아닐 것이다.

보지 않았더라면 공룡을 접목할 아이디어를 떠올릴 수 없었을 테니까 말이다. 경험은 이렇게 무언가 더 나은 것을 만들어내려는 욕구를 부추긴다.

디노 체커뿐 아니라 다양한 보드게임을 직접 경험하는 아이들은 어른이 상상하지 못하는 지점에서 창조자가 될 수 있다. 보드게임에는 단순히 규칙과 전략만 들어 있는 게 아니다. 오해 없이 소통하는 법, 정정당당하게 승리를 거두는 법, 게임을 더 재미있게 풀어가기 위한 재치와 유연한 사고, 기존의 것을 재탐색하는 습관까지 해본 사람의 머리와 가슴에 남을 경험의 요소들이 가득하다. 더욱이 재미있고 자유롭게 즐기는 분위기 속에서 창의력과 상상력은 가능성에만 머무르지 않고 한껏 빛을 발한다. 디노 체커를 좋아했던 아이가 어느 날 새롭고 흥미로운 게임을 개발하는 것을 넘어 2억 년 전 '쥬라기 공원'에 살았던 진짜 공룡을 되살려내려는 꿈을 키우는 것도 그리 놀랄 일은 아닐 것이다.

Tips for Honey

보드게임을 무작정 사놓고 몇 번 안 하는 경우도 비일비재하다. 체커는 규칙이 단순해서 보드나 말이 없더라도 넓은 종이에 격자무늬를 그리고 바둑알이나 장기알 등으로 해볼 수 있다.
이렇게 해보고 좋다고 판단되면 그때 정식으로 구매해도 늦지 않다. 디노 체커처럼 기물에 캐릭터를 입힌 제품은 보드게임 입문자들, 특히 아이들의 흥미를 유발하는 데 효과적이다.

하이브
H I V E

 2명

 약 20분

8세 이상

멘사 선정(2006년)

나로 살아갈 용기

하이브의 히스토리

하이브는 곤충 세계의 먹이사슬을 기반으로 여러 곤충의 특징을 살려 만든 게임이다. 얼핏 보면 아이들 장난감처럼 보이지만 2006년 멘사 셀렉트에 선정됐을 정도로 치열한 두뇌 싸움이 필요하다. 여왕벌과 6가지 곤충 캐릭터가 각각 그려진 7종의 육각 모양 타일 말(하이브 콤팩트 기준)을 이용해 별도의 게임판 없이 테이블이나 평평한 바닥에서도 즐길 수 있다. 처음에는 여왕벌 1개, 개미 3개, 메뚜기 3개, 딱정벌레 2개, 거미 2개로 총 11개 말이 한 세트였으나 지금은 무당벌레와 모기가 추가된 확장판이 나왔다.

영어로 하이브Hive는 벌집이라는 뜻이다. 그 뜻에 걸맞게 육각 타일끼리 붙어 군집을 이루는 모습은 벌집을 연상시킨다. 이 게임은 6개의 곤충 말로 상대편 여왕벌을 먼저 에워싸면 승리한다. 따라서 내 여왕벌은 잘 지키면서 상대편 여왕벌은 공격하는 게 주요 전략이다. 상대편 여왕벌을 꼭 자기 말로만 포위해야 하는 건 아니라서 여왕벌과 붙어있는 상대편 말을 움직이지 못하도록 막는 것 또한 주된 전술이다.

하이브는 아무것도 없는 바닥이나 보드에 말을 하나 놓은 상태에서 상대편이 그 말의 한 변에 자기 말을 붙이는 것으로 게임을 시작하면 된다. 다만 두 번째부터는 새로운 말을 놓을 때 상대편 말이 아닌 자기 말 옆에 붙여야 한다. 이후엔 새로운 말을 추가로 놓거나 이미 놓인 말을 이동시키며 진행한다.

하이브는 보드 없이 진행하는 경우가 대부분이라 말의 이동 규칙을 잘 숙지하는 것이 매우 중요하다. 각각의 말은 타일에 그려진 곤충의 실제 특징과 비슷한 방식으로 움직이므로 이를 상상해보면 규칙을 이해하는 데 도움이 된다. 먼저 여왕벌은 체스의 킹처럼 한 칸씩만 이동할 수 있고 게임 시작 후 네 번째 차례가 끝나기 전에 내려놔야 한다. 이때 한 칸은 말의 한 변을 뜻하므로 한 칸 이동은 옆 변으로 이동하는 걸 말한다. 메뚜기는 공백 없이 붙어있는 말들을 뛰어넘을 수 있어 중간에 빈자리를 채우기에 적합하다. 딱정벌레는 한 칸씩 움직이지만 다른 말 위로 올라탈 수 있어 상대편 말을 움직이지 못하게 할 때 유용하다. 거미는 한 번에 세 칸을 이동하되 움직인 길로 되돌아가지 못한다. 개미는 어디로든 이동할 수 있고 무당벌레는 다른 말 위로 올라타 두 칸을 움직인 후 내려와 한 칸을 움직인다. 모기는 붙어있는 말의 기능을 그대로 모방할 수 있다. 예를 들어 메뚜기 옆에 붙으면 메뚜기처럼 인접한 여러 개 말을 뛰어넘을 수 있게 된다.

이동하는 방식이 설명만으로 이해가 잘 안 될 수도 있겠지만, 막상 해보면 어렵지 않다. 보드게임의 규칙은 백문이 불여일견不如一見이 아니라 불여일행不如一行임을 유념하자. 말끼리 이어 붙여 이동하는 방식에 익숙해지면 여느 추상 전략 게임들처럼 전략을 짜는 것에만 집중할 수 있어 게임의 매력을 온전히 느낄 수 있게 된다.

기막힌 반전, 여왕벌은 최고의 팔자일까?

하이브를 하는 동안 가장 많이 느끼는 감정이 있다면 부러움이다. 마침 자유롭게 이동해야 하는 때에 움직일 말이 거미뿐이면 개미가 부럽고, 한번에 뛰어넘어야 하는데 선택할 수 있는 말이 딱정벌레밖에 없으면 메뚜기가 간절해진다. 상대방의 모기가 다른 곤충의 기능을 복사해 없던 능력을 발휘하면 여름철 지긋지긋했던 모기마저도 부러워진다. 모두의 보호를 받는 여왕벌을 향한 부러움은 말할 것도 없다.

중요한 건 애초에 게임을 시작할 때의 조건은 모두 똑같았단 사실이다. 각각의 말은 공평하게 한 가지씩 능력을 지녔고 그 말을 언제 어떻게 사용할지는 내가 결정하는 것이다. 매 순간 우리는 가장 유리한 선택을 해야 할 뿐, 아쉬워하거나 부러워하는 건 승리에 아무 도움이 되지 않는다. 부러움은 잠시 접고 그 시점에 이용할 수 있는 전략에 집중해야 한다.

그런 면에서 하이브는 우리 인간사와 많이 닮았다. 우리의 눈은 내가 가진 것은 좀처럼 보지 못하고 상대가 쥐고 있는 걸 보며 부러워한다. 그렇게 부러움에 허덕이느라 정작 남들이 부러워할 내 능력을 제대로

하이브에서 모두가 지켜주는 여왕벌을 보며 최고의 팔자인 것 같아서 부럽기만 하다면
상대편 모두에게 표적이 되어 공격을 한몸에 받는 것도 여왕벌의 팔자라는 사실을 놓쳐서는 안 된다.

발휘하지 못하면 나 자신에게 막심한 손해인데도 말이다.

하이브에서 모두가 지켜주는 여왕벌을 보며 최고의 팔자인 것 같아서 부럽기만 하다면 상대편 모두에게 표적이 되어 공격을 한몸에 받는 것도 여왕벌의 팔자라는 사실을 놓쳐서는 안 된다. 우리가 할 일은 각자 처한 상황에서 할 수 있는 최선의 수를 두는 것이고, 이는 언제나 최고의 전략이 되어줄 것이다. 부러우면 지는 거니까.

Tips for Honey

하이브는 매년 온라인으로 월드챔피언십이 개최될 정도로 전 세계적으로 사랑받는 추상 전략 게임이다. 두뇌를 쓰는 전략 게임일수록 멘사 셀렉트로 선정되는 사례가 많은데, 하이브를 포함해 클루, 매직 더 개더링 카드게임(MTG, Magic the Gathering), 쿼리도, 블로커스 등이 대표적인 멘사 셀렉트다.

어려운 게임보다 규칙은 간단하면서도 응용의 폭이 넓은 게임이 멘사 셀렉트로 선정되는 경우가 많다. 미국 멘사는 1990년부터 매년 5개 이상의 우수한 게임을 선정하고 있으니 멘사 공식 사이트를 참고하여 취향에 맞는 보드게임을 선택하는 것도 좋은 방법이다.

마라케시
MARRAKECH

 2~4명

 약 30분

 6세 이상

 멘사 선정(2009년)

매직 카펫 라이드

마라케시의 히스토리

마라케시는 아프리카 북서부 모로코의 한 도시 이름이다. 여행자들에 겐 사하라로 가는 관문이자 시작점으로 통한다. 붉은색 건물이 많아 '붉은 도시'라 불리기도 하며 축제가 끊이지 않기로도 유명하다. 이곳의 전통시장 수크에는 양탄자, 향신료, 아르간 오일, 각종 수공예품 등이 넘 쳐나는데 섬유와 염색이 발달한 도시답게 화려하고 강렬한 색감의 직물 과 수제 가죽 제품들이 눈길을 끈다. 특히 남녀 공용인 후드 달린 전통 의상 질레바와 수제 가죽 슬리퍼 바부슈는 관광객들 사이에서 단연 최 고의 인기를 자랑하는 기념품이라고 한다.

2007년 프랑스의 화가이자 동화 작가인 동시에 보드게임 디자이너이 기도 한 도미니크 에르하르트는 영화 〈알라딘〉을 떠올리게 하는 이국적 인 풍광을 담은 보드게임 마라케시를 개발했다. 모로코의 전통시장 수 크의 상인이 되어 양탄자를 최대한 많이 깔고 통행료도 두둑하게 챙기 는 게임이다. 공용 말인 아쌈은 챙 없는 전통 모자 페즈를 쓴 현지 상인 의 모습을 하고 있고, 통행료를 낼 때 쓰이는 화폐 단위도 현지에서 통

용되는 다르함이다.

아쌈 아저씨와 함께하는 시장놀이

우리의 땅따먹기와도 닮은 마라케시는 양탄자와 돈(다르함)을 각각 나
눠 가진 뒤, 주사위를 굴려 나온 수만큼 말을 이동시키고 도착점 주변
에 양탄자를 깔아 영역을 차지하는 방식으로 진행한다. 도착한 칸의 네
변과 맞닿은 어느 방향으로든 양탄자를 한 장 깔 수 있는데, 이때 상대

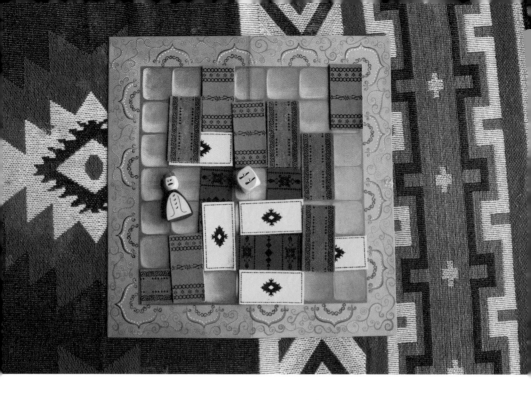

의 양탄자가 깔린 칸에 도착했다면 깔린 양탄자 칸수만큼 통행료를 내야 한다. 통행료를 냈다면 규칙대로 자신의 양탄자를 깔 수 있는데, 상대의 양탄자 위를 덮어 깔아도 되기 때문에 영역을 뺏고 빼앗기는 일이 무한 반복된다.

마라케시는 주사위를 던져 아쌈의 이동 거리가 정해진다는 점에선 운의 영향을 받는 게임이 분명하지만, 그보단 영토 확장, 통행료 지출, 진행 방향 등을 고려해 말을 움직여야 한다는 점이 더 중요하기 때문에 추상 전략 게임으로 분류된다. 통행료를 가장 많이 받을 수 있는 방식으로 양탄자를 길게 연결해 깔지 띄엄띄엄 놓을지도 판단해야 하고, 상대방에게 덮일지 모르는 상황까지 대비해야 하므로 경기 내내 전략을 짜는 두뇌 회전이 필요하다.

무엇보다 최종 승리를 위해서는 통행료 지출을 조심해야 한다. 상대에게 통행료로 5다르함을 냈다면 낸 사람은 5다르함이 줄고, 받은 사람은 5다르함이 늘어 결과적으로 10다르함 차이로 격차가 벌어지는데, 양탄자로는 그만큼의 격차를 벌리기가 쉽지 않기 때문이다. 경기가 끝난 후 양탄자가 깔린 칸과 다르함의 수를 합한 값이 가장 큰 사람이 승리한다.

방구석 매직 카펫 라이드

가끔 보드게임이 중고 거래 사이트에 헐값에 나올 때가 있는데, 그럴 땐 곧바로 달려가 한 묶음을 사 들고 온다. 간혹 한 번이나 열어봤을까 싶게 거의 새것에 가까운 것도 있고 세계적으로 인기 있는 것들이 많을 때도 있다. 보통 보드게임은 주변에서 추천받거나 고심해서 선물하기 때문이다. 마라케시는 그런 중고 꾸러미 속에서 운 좋게 발견한 게임 중 하나다. 횡재한 기분으로 펼친 마라케시는 이름만으로 호기심을 불러일으켰고, 보드에 그려진 붉은 광장과 알록달록한 양탄자는 곧장 우리를 새로운 세계로 인도했다.

도통 감조차 오질 않는 마라케시라는 단어에 아이들의 궁금증은 사그라질 줄 몰랐고, 인터넷 검색으로 그것이 모로코의 도시라는 걸 알게 되자 이번엔 방에서 지구본을 들고나와 모로코의 위치를 찾기 시작했다. 그때부터 아이들은 더욱 적극적으로 질문하기 시작했고 어느덧 함께 그 나라의 언어와 화폐, 문화, 종교, 역사까지 샅샅이 뒤져보게 되었다. 의도한 건 아니었지만, 마라케시라는 새로운 세상이 부모를 일일 교사로, 아이를 모범생으로 만든 것이다.

마라케시를 통해 미지의 세계에 대해 새롭게 알게 되었을 때의 기쁨은 영화 〈알라딘〉에서 재스민 공주가 매직 카펫을 타고 날아오를 때의 환희와 닮았다. 새로운 보드게임을 만날 때마다 새로운 세상 하나를 알게 되었다는 감동을 맛보게 되는데, 어쩌면 그런 경험이 150개가 넘는 보드게임을 사 모으고 또 수많은 사람들과 셀 수 없이 보드게임을 하게

마라케시를 통해 미지의 세계에 대해 새롭게 알게 되었을 때의 기쁨은
영화 〈알라딘〉에서 재스민 공주가 매직 카펫을 타고 날아오를 때의 환희와 닮았다.

된 이유일지도 모르겠다.

부모가 자식을 가르치는 일은 쉽지 않다고들 말한다. 아마도 큰맘 먹고 직접 가르쳐보려 했다가 언성이 높아진 경험 때문일 것이다. 그러나 부모가 아이에게 가르쳐야 하는 것, 아이가 부모에게 배우고 싶은 것은 교과목은 아니다. 무엇보다 부모가 자식의 궁금증을 모두 해결할 만큼 아는 게 많아야 한다는 부담을 내려놓으면 좋겠다. 아이들이 바라는 건 단지 부모와 함께 새로운 세상을 알아가는 환희 그 자체니까 말이다.

마라케시 광장에 함께 양탄자를 깔듯이 새로운 세상을 부모와 더불어 알아가는 기회만 주어진다면 아이들은 상상의 나래를 한껏 펼치며 지금 당장이라도 매직 카펫을 타고 날아오를 것이다.

Tips for Honey

공동말 아쌈의 방향을 본인이 아닌 직전 플레이어가 대신 정해주는 것으로 규칙을 바꾸면 게임이 더 흥미진진해진다. 원래 규칙은 스스로 아쌈의 방향을 정하고 주사위를 던져 나온 수만큼 이동한 다음 차례를 넘기는 것인데, 차례를 넘기기 전에 아쌈의 방향을 정해 놓으면 다음 플레이어의 계획이 틀어질 수 있다. 배신감과 낭패감에 정신이 아찔해도 주사위는 던져졌으니 살아남을 방법을 찾아야 한다.

처음에 아이가 유리한 방향을 찾는 데 어려움을 겪으면 부모가 도움을 주어 게임에 흥미를 잃지 않도록 하는 것이 좋다. 규칙이 어렵지는 않지만, 응용의 폭이 넓어 멘사 셀렉트에 선정된 만큼 처음부터 모든 전략을 알려주기보다는 아이의 수준을 먼저 가늠하고 단계적으로 힌트를 주며 스스로 궁리하는 시간을 주는 것이 전략을 확장시키는 데 도움이 된다.

스플렌더
SPLENDOR

 2~4명

 약 20분

 9세 이상

반짝반짝 빛나는 인생

스플렌더의 히스토리

스플렌더는 시대를 거슬러 르네상스 상인이 되어 보는 게임이다. 보석을 모아 광산과 운송 수단을 확보하고 원석을 아름다운 보석으로 바꿔줄 장인을 고용해 자산 가치를 높이는 것이 목표다. 늘어난 자산으로 귀족의 호의까지 얻으면 금상첨화.

다만 보드게임인 만큼 이 모든 과정이 카드와 토큰으로 이루어진다. 광산이나 운송 수단, 장인 등을 대신하는 개발 카드 90장과 귀족 카드 10장, 다섯 종류의 보석 토큰 7개씩 총 35개와 조커 역할을 하는 황금 토큰 5개로 15점을 먼저 획득하면 이긴다. 녹색, 황색, 파란색 세 단계로 나뉘는 개발 카드에는 보석의 종류와 함께 1부터 5까지 점수가 적혀 있다. 높은 점수일수록 더 많은 보석을 지급해야 살 수 있다.

구성품이 단순하고 규칙이 어렵지 않은 데 비해 전략적인 요소가 균형 있게 짜여 있는 편이라 입문용 전략 게임으로 많이 추천된다.

게임은 단계별로 4장씩 총 12장의 개발 카드를 바닥에 펼쳐놓고 시작한다. 자기 차례가 되면 3가지 행동, 즉 보석을 모으거나, 개발 카드를

사거나, 당장은 살 수 없지만 꼭 사고 싶은 개발 카드를 찜하기 중 하나를 하면 된다.

초반엔 보석을 확보하는 데 집중하게 되고, 살 수 있는 개발 카드가 한정적이라 진행이 지지부진한 것 같지만, 중반 이후부터는 속도전이 펼쳐진다. 개발 카드가 쌓이면 또 다른 카드를 더 쉽게 손에 넣을 수 있기 때문이다. 예를 들어, 에메랄드 2개가 표시된 개발 카드를 사고 싶은데 마침 보유한 개발 카드 오른쪽에 에메랄드가 그려져 있다면 이때는 에메랄드 토큰을 하나만 내도 된다. 다른 개발 카드를 살 때 이미 가진 개발 카드 오른쪽에 그려진 보석만큼 할인받을 수 있는 것이다. 또한 귀족 카드에 그려진 보석의 종류와 개수를 충족하면 귀족 카드를 가져온 뒤 3점을 획득하게 된다.

황금을 나타내는 노란색 조커 토큰은 아무 때나 원하는 순간 다른 색상의 보석으로 대체하여 사용할 수 있다. 어떤 개발 카드를 선점하고 싶다면 보석 토큰을 가져오는 대신 황금 토큰 하나와 원하는 개발 카드를 집어 들면 된다. 아직 정식으로 구매한 건 아니라서 바닥에 내려놓을 수는 없지만, 보석이 충분히 모였을 때 비용을 지불하고 내려놓을 수 있다. 이렇게 선점할 수 있는 카드는 최대 3장이다. 처음 스플렌더를 접한다면 다소 복잡하다는 생각이 들 수도 있지만, 한두 번만 해보고 나면 오히려 규칙이 간단하게 느껴져 이 게임의 재미에 푹 빠져들게 될 것이다.

화려함, 빛남, 광채라는 뜻의 스플렌더는 그 이름의 의미를 뽐내기라도 하듯
가족끼리 마주하는 시간을 더 반짝반짝 빛나게 밝혀줄 것이다.

가족을 위한 보석 같은 시간

스플렌더를 개발한 마크 앙드레의 인생은 그야말로 보드게임으로 꽉 차 있다. 네 살 때부터 체스를 두기 시작해 체스 실력이 뛰어났던 그는 유년 시절 이미 지역의 체스 클럽장이 될 정도로 동네 유명 인사였고, 학창 시절에도 식을 줄 모르는 열정으로 롤플레이, 전쟁 게임 등 장르를 불문하고 다양한 보드게임을 섭렵해 나갔다. 훗날 경제학을 전공해 무역과 주식을 거래하는 일을 할 때도 자신이 하는 업무를 글로벌 전략 게임으로 여길 정도였다고 하니 그의 삶이 곧 보드게임이고, 보드게임이 곧 그의 삶이라 해도 과언이 아니다. 마침내 그는 보드게임을 직접 제작하기에 이른다. 2011년에 처음으로 개발한 봉봉Bonbons은 프랑스 사탕가게를 떠올리게 하는 귀여운 카드 매칭 게임이고, 2014년에 두 번째로 출시한 스플렌더는 세계인의 마음을 사로잡은 그의 역작이다.

이처럼 마크 앙드레가 보드게임 개발자로서 큰 성공을 거둔 건 자명한 사실이지만 내가 그에게 감탄할 수밖에 없는 이유는 다른 데 있다. 어느 날 문득 일에 파묻혀 사느라 가족과 시간을 보내지 못하고 있음을 깨달은 그가 과감하게 일을 내던지고 가족에게 집중하기를 선언했던 것이다. 인생에서 가족만큼 중요한 게 없다는, 우리 역시 잘 알고 있는 명백한 사실을 그는 놓치지 않고 곧바로 실천으로 옮겼다. 그런 철학이 있었기에 스플렌더가 큰 사랑을 받게 되었는지도 모른다. 우리 가족을 서로에게 집중하도록 묶어주는 최고의 아이템이 되기도 했고 말이다.

스플렌더는 조카들의 취향을 잘 알고 있는 큰아빠의 선물이었다. 조카들에게 한없이 관대한 큰아빠는 최신 컴퓨터 게임을 종류별로 보유하고 있어 부모의 입장에선 적군이기도 했다. 그도 그럴 것이 아이들은 큰아빠 집에만 가면 고삐 풀린 망아지처럼 컴퓨터 모니터 앞에 나란히 앉아 온종일 게임만 했기 때문이다. 차 안에서도, 소파에 앉아서도, 심지어 친구들과 노는 순간까지도 사람 대신 스마트폰이나 컴퓨터의 사각 화면을 마주하며 사는 요즘 세대의 흔한 풍경처럼 말이다.

반전은 스플렌더가 가져다주었다. 큰아빠가 깜짝 선물로 준비한 스플렌더가 거실에서 개봉되자 컴퓨터 모니터에서 눈을 떼고 보석이 그려진 카드 앞으로 아이들이 득달같이 모여든 것이다. 우리 부부도 엉겁결에 합류해 보석 토큰을 손에 쥐게 되었는데, 단숨에 가족 모두를 모이게 만든 스플렌더가 진짜 보석처럼 귀하게 느껴졌다. LED 화면의 열기 대신 사람의 온기를 느끼게 하는 그 어려운 일을 해냈으니까 말이다. 영어로 화려함, 빛남, 광채라는 뜻의 스플렌더Splendor가 그 이름의 의미를 뽐내기라도 하듯 가족끼리 마주하는 시간을 더 반짝반짝 빛나게 밝혀줄 것이다.

Tips for Honey

카드에 등장하는 귀족 10명은 헨리 8세, 메리 여왕, 카를 5세, 마키아벨리 등 르네상스 시대에 실존했던 인물들을 모델로 했다고 하니 실제 초상화를 찾아 비교해보는 것도 재미가 있다. 높은 점수를 노리고 귀족 카드를 수집하는 데 몰두하다 보면 비교적 쉽게 구할 수 있는 카드조차 포기하거나 놓칠 때가 많다. 귀족 카드 수집에 집착하기보다 2점 이상인 개발 카드를 차곡차곡 모으는 것이 성공에 더 빠르게 다가서는 비결이 될 수 있다.

쿼리도
QUORIDOR

 2명 혹은 4명

 약 20분

 7세 이상

 멘사 선정(1997년)

남의 앞길 막는 자의 최후

쿼리도의 히스토리

쿼리도는 복도를 뜻하는 단어 'Corridor'를 변형해 만든 이름이다. 1975년에 나온 블록케이드, 1995년에 나온 핀코 팔리노를 이탈리아의 미르코 마르케시가 새롭게 정비해 1997년 쿼리도로 출시했다. 핀코 팔리노는 11×11 보드에서 21개의 벽을 사용해 대전하는 2인용 게임이었던 반면, 쿼리도는 9×9 보드에서 최대 4인까지 할 수 있다. 발매된 해에 멘사 셀렉트로 선정되었으며 바둑, 장기, 체스처럼 기술과 전략이 활발하게 연구되고 있다.

보통 규칙이 간단하면 쉬운 게임이라고 여기지만, 반대인 경우도 많다. 그 대표적인 예가 단조로운 규칙에도 불구하고 팽팽하게 전략으로 싸워야 하는 쿼리도일 것이다. 쿼리도는 전진하거나 막거나 2가지 기술로만 싸워야 해서 규칙을 이해하는 데 어려움은 전혀 없지만, 이는 싸울 무기가 2개밖에 없다는 말이기도 해 전략을 쓰지 않으면 맥없이 당한다는 의미이기도 하다. 이 때문에 경기 내내 상대방의 수를 읽어 상대가 나아가지 못하게 견제하면서도, 나의 다음 수를 들키지 않으며 한발

이라도 앞서는 것이 중요하다. 특히 주어진 방어벽을 초반에 모두 쓰지 않도록 타이밍을 잘 조절하는 게 관건이라 게임을 하는 내내 전략을 고심해야 한다.

쿼리도의 9×9 보드 맨 앞줄 가운데 놓인 말은 상하좌우로 한 칸씩 움직일 수 있으며 반대편 끝 지점에 먼저 도착하는 것이 목표이다. 플레이어는 각각 5장(4인용)에서 10장(2인용)의 방어벽을 가지고 있어 상대방의 진로를 막거나 때에 따라 자신의 진로를 확보하는 데 쓸 수 있다. 자신의 차례가 되면 한 칸 이동하거나 방어벽을 놓는 것 중 하나를 선택하면 된다. 이때 기억할 것은 어떤 경우에라도 반드시 빠져나갈 통로 한 칸은 남겨야 한다는 사실이다. 이 규칙이 없다면 서로 갈 길이 막혀 승부가 나지 않기 때문이다. 쿼리도에서 기억할 2가지는 내 통로는 남기되 상대가 최대한 돌아가도록 방어벽을 설치하는 것과 신중하게 분배하는 일일 것이다.

미국의 쿼리도 챔피언이었던 래리 실러는 연구를 거듭한 끝에 상대의 진로는 막으면서 나의 진로에 영향을 끼치지 않는 초반의 수를 제안했다. 바로 게임 시작 후 상대와 나의 말이 모두 3칸 전진했을 때 내 말 뒤로 방어벽을 세로로 설치하는 것이다. 그의 이름을 따 '실러 오프닝'이라고 불리는 이 방법은 후반부에 상대를 방어하기 위해 미리 대비책을 마련하는 전략이다.

쿼리도에서 남의 앞길을 막느라 정신없는 사람은 결국 자기 갈 길도 나아가지 못한다.
그것도 모자라 가지고 있던 방어벽이 금세 동나버려 자기 앞길 막힐 일만 기다려야 한다.

누구의 앞길을 막을 것인가?

가족끼리 하는 쿼리도엔 딜레마가 있다. 자식 앞길을 막는 매정한 부모가 되고 싶지는 않고, 그렇다고 져주는 게 아이를 위한 능사는 아니라는 고민 끝에 결국 우리 부부는 서로의 앞길을 막아선다. 그러다 보면 우리 부부는 초반에 서로를 막겠다고 방어벽을 다 소진하여 자식들이 해맑게 결승점에 다다르는 광경을 넋 놓고 지켜보곤 한다. 최소한 자식 앞길은 막지 않았으니 다행이라 해야 할까.

　살아가면서 앞길이 막히는 경험은 지천으로 널렸다. 때로는 도로 위

신호등조차 번번이 우리 앞길을 막는 것처럼 느껴진다. 누군가를 원망하고 탓하고 싶겠지만, 앞길이 막힌다고 절망에 빠질 필요는 없다. 앞길이 내내 막히는 쿼리도 안에 짜릿한 위로 하나가 있으니까 말이다.

쿼리도에서 남의 앞길을 막느라 정신없는 사람은 결국 자기 갈 길도 나아가지 못한다. 그것도 모자라 가지고 있던 방어벽이 금세 동나버려 자기 앞길 막힐 일만 기다려야 한다. 더욱 심오한 건 욕심만 앞서 이판사판으로 남의 앞길을 다 막아버리면 결국 내가 나아갈 길도 없어지니 반드시 빠져나갈 한 칸쯤은 남겨둬야 한다는 가르침을 배우게 된다는 점이다.

주어진 에너지를 전진을 위해 쓸지, 아니면 남의 앞길을 막는 데 쓸지는 순전히 내 선택에 달렸다. 만약 앞길이 막히는 버거운 상황에 놓였다면 지금 상대가 자기 패를 소진하고 있단 사실에 넌지시 웃어보아도 좋겠다. 저 패를 다 쓰고 나면 상대는 불타버린 성냥개비처럼 패자로 남게될 것이고, 이는 곧 내 갈 길이 열린다는 뜻이다.

Tips for Honey

쿼리도는 2인이 게임을 하는 게 보편적이지만 4인이 네 군데 방향에서 전진과 진로 방해를 할 때 막고 막히는 경우의 수가 확장되어 재미가 배가 된다.
따라서 흥미와 긴장감을 높이고 싶다면 4인 게임을 추천하며, 2인 게임에서는 나눠 갖는 방어벽의 개수를 10개로 고정하지 않고 변화를 주는 것도 흥미를 유발하는 방법이다.

백개먼
BACKGAMMON

 2명

 약 30분

 8세 이상

우아한 싸움의 기술

백개먼의 히스토리

영국 헨리 8세의 자랑이던 메리 로즈 호의 선원들은 배 안에서 보드게임을 즐겼다고 전해진다. 이 배는 1511년 건조되어 35년간 영국을 지켜내며 대활약을 펼친 무적의 함대로 1545년 프랑스와의 교전 중 침몰했다. 오랫동안 바닷속에 가라앉아 있다가 1982년에서야 다시 그 모습을 드러냈는데 포문이 펄에 파묻힌 덕에 내부가 보존될 수 있었고, 선체에 있던 유물은 고스란히 복원되어 현재 박물관에 전시되어 있다. 전시품 중에는 선원들이 즐긴 보드게임도 있었는데, 그 게임이 바로 백개먼이다.

백개먼은 보드의 기하학적 패턴 탓에 종종 최신 게임이라는 오해를 사기도 하지만, 무려 5,000년 전에 만들어져 1600년경에 지금의 모습을 갖춘 전통 게임이다. 단순한 규칙에도 불구하고 판형이 익숙하지 않은 탓인지 해외에서의 뜨거운 인기에 비해 국내에서는 아직 인지도가 낮은 편이다. 우리의 윷놀이와 규칙이 비슷해 도전이 어렵지 않아 고전적인 게임에 관심이 많은 사람에게 추천할 만한 게임이다.

이 게임은 보드 위에 있는 15개의 말(체커)을 먼저 빼내면 승리한다. 가운데가 접히는 게임판을 좌우로 펼쳤을 때 오른쪽 아래 6개의 삼각형이 나의 진영이고, 그 위쪽 6개 삼각형이 상대편 진영이다. 게임은 판에 그려진 길쭉한 삼각형에 동전 모양의 말 15개를 규칙에 맞게 배열한 상태에서 시작된다. 여기서 기다란 삼각형은 윷놀이의 칸에 해당하고 주사위는 윷에 해당하는데 윷놀이와 달리 말이 여기저기 흩어져 있는 상태에서 게임을 시작한다는 점이 결정적 차이다. 흩어져 있는 15개의 말을 시계 반대 방향(상대편은 시계 방향)으로 움직여 자기 진영으로 옮긴 뒤 밖으로 내보내면 되는데, 이때 2개의 주사위를 동시에 굴려 나온 수만큼 말을 움직인다. 주사위에서 나온 눈의 수는 2가지 방식으로 활용할 수 있는데, 만약 2와 5가 나왔다면 그 합인 7칸을 이동해도 되고, 두 개의 말을 각각 2칸, 5칸 이동해도 된다. 4, 4처럼 같은 수가 나올 땐 '더블'이라는 룰이 적용돼 2배수가 되기 때문에 4칸을 네 번 이동할 수 있다. 도착하는 칸에 상대방의 말이 2개 이상 있다면 그 칸엔 들어갈 수 없고, 말이 1개만 있을 땐 그 말을 잡고 칸을 차지할 수 있다. 따라서 상대에게 붙잡혀 처음부터 다시 시작하고 싶지 않다면 말이 한 칸에 홀로 있지 않게 주의해야 한다.

나비처럼 날아서 벌처럼 쏴라

미국 유학 시절 친구 집에서 처음으로 접했던 백개먼의 첫인상은 고고

하고 세련되며 값비싸 보이는 무언가였다. 친구는 정말 쉽고 재미있는 게임이라며 같이 해보자고 제안했지만, 마치 인테리어가 고급스럽기만 한 식당에 들어갈 때 못내 어깨가 움츠러드는 것처럼 어쩐지 어려워 보이는 디자인에 주눅 들어 한사코 거절했었다.

백개먼을 다시 만난 건 한참 시간이 흐른 뒤였는데 방학 동안 미국 캠프를 떠났다 돌아온 학생이 캠프 참가자들에게 나눠준 기념품이라며 백개먼을 들고 온 것이다. 수년 전의 나처럼 어려워 보인다고 말하는 학생에게 동병상련을 느끼며 작심하고 규칙을 찾아봤더니 그때의 허무함이란! 디자인만 화려했다 뿐이지 규칙 몇 개만 알면 바로 할 수 있는 윷놀이만큼이나 간단한 게임이 백개먼이었다.

도도한 디자인 뒤에 숨은 소탈한 규칙 덕에 곧장 이 게임에 빠져들었지만, 사실 백개먼의 진정한 반전 매력은 게임이 진행되는 동안의 조용한 분위기에 있다. 보드의 화려한 디자인만 보면 금방이라도 굉장한 소란이 벌어질 것 같은데, 막상 경기를 해보면 바둑을 둘 때만큼이나 고요하다.

백개먼이 이렇게 조용할 수밖에 없는 이유는 싸움의 고수들이 흩어진 말을 밖으로 빼낼 전략을 짜느라 머리를 굴리고 있기 때문이다. 입은 무겁게 하되, 생각은 열리게 말이다. 백개먼을 할 때 소란스럽다면 전략이 완성되지 않은 초심자일 가능성이 높다. 더구나 초보일수록 이기고 싶은 욕심에 공격에 치중하려는 경향이 큰데, 그게 바로 아이들이 상대편 말을 잡을 기회는 놓치지 않지만, 자기 말을 지키지 못해 패하는 이유이다.

진정한 싸움의 고수는 목소리를 높이는 대신 최선의 전략을 찾아내
조용히 문제를 해결하거나 목표를 달성할 뿐이다.

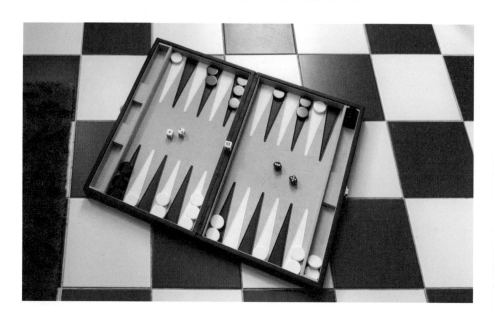

중요한 건 경쟁을 해보면서 시행착오를 많이 경험한 아이일수록 승패를 떠나 자신이 구사한 전략에 따라 펼쳐진 보드 위의 모습에 일종의 경외심을 느낀다는 사실이다. 정말로 훌륭한 전략을 펼쳤다면 비록 졌더라도 잘 싸웠다는 뿌듯함, 다음엔 이길 수 있겠다는 자심감이 남기 때문이다. 또한 그런 과정을 통해 차츰 공격만큼 중요한 게 방어라는 사실을 깨닫게도 된다. 그렇게 막강한 전사로 거듭난 아이들은 더욱 조용히 나비처럼 날아 벌처럼 쏘는 한 방을 계획할 것이다.

현실의 싸움에서도 감정적으로 대응하다 보면 상황을 악화시키기가 쉽다. 어떻게든 이겨보려고 발톱을 드러내 무분별하게 공격만 하다 보니 문제는 해결되지도 않고 상처만 남게 된다. 진정한 싸움의 고수는 목소리를 높이는 대신 최선의 전략을 찾아내 조용히 문제를 해결하거나 목표를 달성할 뿐이다. 인생에서도 백개먼에서도 우아한 싸움의 고수가 되고 싶다면 백개먼이 보여주는 전략의 힘을 잊지 말아야 할 것이다.

Tips for Honey

백개먼이 고대 인도 등지에서 시작되어 중국에서 유행하다가 삼국시대에 우리나라에도 전해졌을 거라는 추측이 있다. 삼국시대 백제에 관한 문헌에 기록된 '쌍륙'이라는 게임 때문이다.

2개의 주사위와 총 30개의 말로 승부를 겨루는 이 게임은 조선시대 화가인 신윤복의 풍속화에서도 찾아볼 수 있을 만큼 대중적인 게임이었다. 시중에 쌍륙 놀이판이 판매되고 있으니 조상들이 천 년 넘게 즐겨온 전통 게임을 체험해보는 것도 좋겠다.

2장

수리력
Mathematics

만칼라

셧더박스

루미큐브

스킵보

플레잉 카드(트럼프)

키즈멧

만칼라
MANCALA

 2명

 약 20분 이상

 8세 이상

인류 최초의 자기 주도 학습

만칼라의 히스토리

만칼라는 숫자 세기, 수의 분류를 익히기에 좋은 게임이다. 나라마다 부르는 이름은 달라도 아주 오래전부터 동서양을 막론하고 성행했다고 전해진다. 구슬을 움직여 더 많은 구슬을 확보하면 이기는 만칼라는 아라비아어로 움직이기라는 뜻의 '나갈라naqala'가 그 어원이다. 지금은 근사한 나무판과 영롱한 구슬을 이용하지만, 과거에는 맨땅에 구덩이를 파고 돌멩이나 씨앗으로 즐겼던 만큼 세계 곳곳에서 만칼라와 관련된 흔적이 발견되고 있다. 오래전 문헌이나 그림에서도 그 흔적을 찾을 수 있는데,《아라비안나이트》의 15번째 밤에도 만칼라가 등장할 정도다.

만칼라는 리더십의 상징이기도 하다. 알려진 바에 따르면 케냐, 탄자니아 등의 동아프리카에서는 만칼라를 잘하는 사람에게 통솔력을 갖춘 지도자 자격을 부여했다고 한다. 이는 곧 리더십 개발 도구이자 소통의 매개체로서 만칼라를 인정하는 것이다.

만칼라에는 밑바탕에 수리적 규칙과 원리가 깔려 있어 수학을 가르칠 때 자주 활용된다. 자신의 만칼라통에 더 많은 구슬을 모으기 위해서는 쉬지 않고 수리적 사고를 해야 해서 간단해 보여도 두뇌 싸움이 굉장한 게임이다.

만칼라는 2×6판의 12개 구슬통에 구슬을 4개씩 넣고 시작한다. 자기 앞쪽 6개 '구슬통'과 오른쪽 비어 있는 커다란 통('만칼라통'이라 불림)이 각자의 영역이다. 이제 자기 구슬통 중 하나를 선택해 그 안에 들어 있는 구슬을 모두 한 손으로 쥔 다음 시계 반대 방향으로 돌며 한 통에 구슬을 1개씩 떨어트린다. 이때 자기 만칼라통과 상대의 구슬통에는 구슬을 떨어트리지만, 상대의 만칼라통에는 구슬을 넣지 않고 건너뛴다.

만칼라에는 2가지 핵심 규칙이 있다. 첫째, 마지막 구슬을 자기 만칼라통에 떨어트렸다면 한 번 더 기회를 얻게 된다. 둘째, 비어 있던 자기 구슬통에 마지막 나의 구슬을 떨어트리면 맞은편 상대 구슬통에 있던 구슬을 모두 자기 만칼라통으로 옮길 수 있다. 게임은 더 옮길 구슬이 없을 때 끝나며 내 만칼라통에 더 많은 구슬이 있는 사람이 이긴다.

짐작했겠지만 이 게임은 특히 마지막 구슬이 떨어지는 지점을 정확히 예상하는 게 중요한데, 이 때문에 집중력, 수리력, 예측능력 향상에 도움이 된다.

패턴을 익히면 승리가 보인다

수학 교육용으로 좋다는 보드게임은 대부분 규칙과 구성품이 간단해서 처음엔 '이게 수학적 사고력을 기르는 데 도움이 될까?' 하는 의문이

만칼라는 밑바탕에 수리적 규칙과 원리가 깔려 있어 수학을 가르칠 때 자주 활용된다.
자신의 만칼라통에 더 많은 구슬을 모으기 위해서는 쉬지 않고
수리적 사고를 해야 해서 간단해 보여도 두뇌 싸움이 굉장한 게임이다.

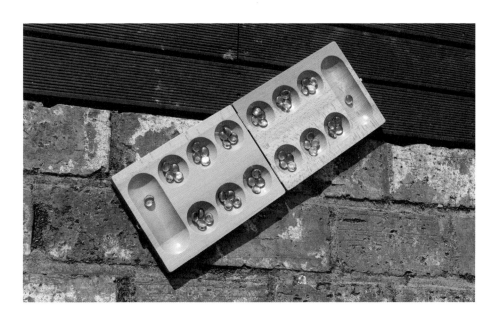

들기도 한다. 막상 해보면 그런 의문은 금세 사라진다. 규칙만 단순할 뿐이지 매번 달라지는 양상의 공격에 맞서 싸우려면 스스로 수학적으로 생각하는 건 물론 그 사고력을 응용해 나가지 않으면 이길 수 없기 때문이다. 어쩌면 만칼라에는 인류 최초의 보드게임이라는 수식어보다 '인류 최초의 자기 주도 학습'이라는 표현이 더 어울릴지도 모르겠다.

우리 가족은 이 게임을 비교적 최근에야 알았다. 당시 열 살이던 지인의 딸이 집에 놀러왔을 때 학교에서 가장 인기 있는 게임이라며 들고 온 것이 만칼라였다. 집에 100개도 넘는 보드게임이 쌓여 있는데, 그중에 없는 것이라니…, 그날로 '보드게임 가족'이라는 이름에 걸맞게 만칼라를 주문했다.

당시 일곱 살이던 첫째 아들은 그길로 만칼라와 함께 수학의 재미에 푹 빠져들었다. 누가 시키지도 않았는데 보드를 통째로 방에 들고 가더니 구슬통에 구슬을 떨어트리며 승리의 비법을 혼자서 연구하기 시작한 것이다. 스스로 게임의 원리를 하나씩 터득해 나간단 사실에 기뻐하더니 나중엔 만칼라의 핵심 기술이라고도 할 수 있는 '한 번 더 기회 얻기'와 '상대방 구슬 잡아먹기'를 하루 만에 터득하기도 했다. 아이는 왼쪽에서 네 번째 구슬통 속 구슬을 집어 들더니 마지막 구슬을 자신의 구슬통에 유유히 떨어트려 한 번 더 기회를 얻어냈고, 아들의 구슬을 빼앗으려고 일부러 비워놓은 엄마의 구슬통에 슬며시 자신의 구슬을 떨어트려 엄마의 계획을 보란듯이 무산시키기도 했다.

혼자서 만칼라를 몇 시간이나 붙잡고 원하는 답을 찾는 아이를 보면서 만칼라가 수천 년 이어지고 있는 데는 그만한 이유가 있구나 싶었다.

예나 지금이나 지적 호기심은 자연 발생할 때 가장 큰 힘을 발휘한다는 사실을 아이 덕분에 목격할 수 있었고 말이다. 이것이 자기 주도 학습이 아니면 무엇이겠는가. 수천 년 전 아프리카에서 시작되었다고 알려진 만칼라가 21세기에 우리 집에서 다시 살아나 손때가 검게 묻을 만큼 아이들에게 큰 사랑을 받고 있다.

Tips for Honey

만칼라와 같이 수학적 사고를 요구하는 게임들은 부모가 미리 전략을 알려주어 아이가 빠르게 적응하게 하는 것보다 아이 스스로 시행착오를 거듭하며 규칙이나 공식을 깨우치도록 기다려주는 것이 좋다.

부모가 떠먹여주지 않고 조금만 기다리면 아이는 호기심에 이끌려 더 달콤한 탐구의 열매를 스스로 따 먹게 될 것이다.

셧더박스
SHUT THE BOX

 2~4명

 약 15분

 7세 이상

아이의 숨은 재능과 끼를 찾아서

셧더박스의 히스토리

입체적인 게임박스와 숫자 타일 그리고 주사위로 구성된 셧더박스는 12세기 프랑스 노르망디에서 시작되었다는 기록이 있다. 2개의 주사위를 던져 나온 수의 합을 이용해 올라간 숫자판을 모두 가장 먼저 내리는 사람이 이기는 게임으로, 2부터 12까지의 수를 가르고 모으는 법만 알면 누구나 쉽게 참여할 수 있다. 방법이 간단하면서도 박진감이 넘쳐 각종 모임이나 파티 등에서 순서나 벌칙을 정할 때 사다리 게임처럼 자주 쓰이는 보드게임이다.

셧더박스는 입체적인 보드의 각 면에 있는 숫자판을 모두 들어 올린 상태로 시작한다. 숫자판은 제조사에 따라 1~9 또는 1~10까지 적혀 있다. 자기 차례가 되면 주사위 2개를 던져서 나온 두 수를 합한 뒤 원하는 대로 모으거나 가르기를 해 숫자판을 내린다. 예를 들어 2와 3이 나왔다면 그냥 2와 3을 내려도 되지만, 둘의 합인 5를 내려도 되고, 5를 가르기 한 1과 4를 내려도 된다.

셧더박스를 비롯한 보드게임 안에는 놀이의 속성이 가득 차 있다.
이 때문에 자칫 어려울 수도 있는 수학을 편한 시간 속에서 즐기면서 배우게 되는 것이다.
이것이 바로 놀이의 힘!

이 게임은 숫자판을 내린 후에 다음 사람에게 차례를 넘기는 게 아니라, 더 이상 내릴 숫자판이 없을 때까지 한 사람이 계속 주사위를 굴려 게임을 진행한다. 도중에 숫자판 7~10이 다 내려갔다면 그때부터는 1~6이 나오도록 주사위를 1개만 굴려도 된다. 운 좋게 모든 숫자판을 다 내리면 숫자판으로 상자를 닫았다는 뜻에서 "셧더박스Shut the Box"를 외치면 되고, 이는 곧 승리를 의미한다.

만약 아무도 상자를 닫지 못한 채 게임이 끝나면 내리지 못한 숫자의 합이 가장 적은 사람이 승자가 되기 때문에 초반에 큰 수를 먼저 내리는 게 주요 전략이다. 예를 들어 주사위 숫자의 합이 10일 때 4, 6보다는 8, 2처럼 큰 수를 포함해 내려놓는 게 유리하다는 뜻이다.

모으고 가르다 보면 저절로 '수학 천재'

우리 가족은 셧더박스를 하면서 본의 아니게 둘째 아이의 재능을 찾게 되었다. 당시 여섯 살이던 둘째는 처음 이 보드게임을 접하고는 초등학교에 들어가기도 전에 모으기와 가르기 개념을 완벽하게 익혔다. 물론 아이는 그게 모으기인지 가르기인지도 모른 채 순전히 "셧더박스"를 외치고 싶다는 일념으로 더하기와 빼기를 속속 해낸 것이지만 말이다.

아쉽게도 "셧더박스"를 외치는 일은 생각만큼 자주 일어나지 않는다. 빈틈없는 행운이 따라줘야 가능한 일이라 어쩌면 그런 희박한 가능성이 아이를 더욱 셧더박스에 매료시켰는지도 모른다. 아이는 심지어 주사위 합이 두 자리를 넘길 때조차도 숫자판을 조작하는 재미에 푹 빠져 아무렇지 않게 덧셈과 뺄셈을 해냈는데, 지켜보는 부모로서는 "셧더박스"를 외칠 때 못지않게 짜릿한 순간이었노라고 고백한다.

이 효과는 초등학교 입학 이후까지 이어져 수학 시간에 모으기와 가르기를 배울 때 극에 달했다. 아이는 정식으로 배웠던 기억이 없으니 그저 쉬운 게 나왔다며 답을 맞히는 자신을 수학 천재라고 믿어 의심치 않게 된 것이다. 이게 다 셧더박스를 하며 자연스럽게 연산을 접하게 된 덕분이란 걸 아이는 눈치 채지 못했다. 나도 새삼스레 아이에게 수학 실력의 진실을 솔직하게 털어놓을 마음은 없다. 때때로 작은 착각이 진짜 자신감과 성취로 이어지기도 하기 때문이다. 무엇보다 보드게임을 즐기면서 수학에 호감과 관심을 느끼게 된다면 부모로서 그것만큼 큰 수확이 또 어디 있겠는가.

셧더박스를 비롯한 보드게임 안에는 놀이의 속성이 가득 차 있다. 이 때문에 자칫 어려울 수도 있는 수학을 부담 없이 즐기면서 배우게 되는 것이다. 이것이 바로 놀이의 힘!

놀이는 결코 아무것도 하지 않는 무의미한 시간이 아니다. 다양한 활동들이 얽히고설켜야 비로소 놀이가 완성된다. 때와 장소에 맞는 아이디어를 떠올릴 줄 알고, 혼자일 때와 함께할 때를 구분해 적절한 종목을 선택할 줄도 알며, 규칙을 정하고 그 안에서 전략과 소통을 찾아가는 총체적인 활동이 바로 놀이다. 따라서 놀면서도 얼마든지 창의력, 판단력, 결단력, 응용력, 이해력을 키울 수 있다. 게다가 즐겁고 자유로운 시간은 유연한 생각을 하도록 도와 우리 아이들의 숨겨진 재능과 끼를 찾아내기도 하고 말이다. 이제라도 아이들의 재능과 끼를 찾고 싶다면 용기를 내 놀아보자. 종국엔 "셧더박스"를 외치며 승리하게 될 것이다.

Tips for Honey

설명서에서 소개하는 '롱 게임Long Game' 방식으로도 꼭 해보길 추천한다. 두 사람이 롱 게임을 할 경우, 2명이 한 면의 숫자판에서 승부를 겨룬다. 1명은 원래 셧더박스 방식대로 숫자판을 내리고, 다른 1명은 상대방이 내린 숫자판을 올려야 한다.
두 주사위의 수가 같게 나오면 기회가 한 번 더 주어진다. 숫자판이 계속 올라갔다 내려갔다를 반복하기 때문에 비교적 긴 시간 동안 게임을 즐길 수 있다.

루미큐브
RUMMIKUB

 2~4명

 약 30분

 7세 이상

세상을 구원하는 깍두기

루미큐브의 히스토리

루미큐브는 1940년대 후반 유대인 헤르차노가 집 뒷마당에서 루미키드라는 게임을 개발해 소매점에 방문 판매한 것이 그 시작이다. 소매점에서 폭발적 인기를 얻자 그는 상품명을 루미큐브로 변경해 판매했는데, 모노폴리, 스크램블 이후 미국 최고의 인기 보드게임으로 꼽힌다. 규칙에 맞는 짝 맞추기 카드게임 '러미Rummy'에 기원을 두며, '큐브로 하는 러미'라는 의미에서 지금의 이름이 붙여졌다. 패를 세워서 경기하고 연속된 숫자의 조합을 찾는다는 점에서 마작을 떠올리게도 한다.

루미큐브는 규칙에 알맞은 숫자 타일의 조합을 찾아내 가장 먼저 모든 타일을 내려놓는 사람이 이기는 게임이다. 숫자 타일은 1부터 13까지 적힌 검정, 빨강, 주황, 파랑 타일이 2세트씩 총 104장이고, 조커 2장이 더 있다. 같은 색의 연속된 숫자(예: 주황색 타일 9, 10, 11)나, 다른 색이지만 같은 숫자(예: 빨강 12, 파랑 12, 검정 12)인 조합을 찾아 3개 이상 내려놓으면 된다.

게임은 바닥에 엎어놓은 숫자 타일 더미에서 무작위로 14개를 골라 자신의 받침대에 배치하며 시작된다. 맨 처음 타일을 내려놓는 행위를 '등록'이라고 부르는데, 이때 숫자 타일의 합은 30이 넘어야 한다. 조건이 까다로운 만큼 첫 순서에 등록하지 못하는 경우도 많은데 내려놓을 타일이 없을 땐 바닥의 타일 더미에서 1장을 가져오면 된다.

등록을 마쳤다면 나와 상대가 내려놓은 타일에 이어 붙이는 것도 가능해진다. 바닥에 빨간색 5, 6, 7 타일이 있고, 마침 나에게 빨간색 8이 있다면 7 옆에 8을 내려놓아도 된다는 뜻이다. 바닥에 깔린 타일 조합을 분리하는 방법도 있다. 바닥에 파란색 1, 2, 3, 4, 5, 6이 있고 내게 파란색 4가 있다면 바닥의 타일을 1, 2, 3과 4, 5, 6으로 분리한 뒤 3 옆에

나의 파란색 4를 내려놓으면 된다. 여기서 중요한 건 분리한 타일도 반드시 3개 이상의 타일을 유지해야 한다는 것이다. 조커는 어떤 숫자든 대체할 수 있다. 그러나 너무 일찍부터 내려놓으면 상대가 활용할 수도 있으니 되도록 갖고 있다가 결정적 한 방으로 사용하는 게 좋다. 자신의 타일을 가장 먼저 다 내려놓고 "루미큐브"를 외치는 사람이 승자가 된다.

때로 꺽두기가 세상을 구원한다

간단한 연산 능력만 갖추면 할 수 있는 게임이지만 우리 집 아이들이 어려워했던 점은 최초 등록 시 합이 30 이상이어야 한다는 규칙이었다. 첫째 아이가 루미큐브를 처음 접한 때가 여섯 살이라 30 이상의 합을 이해하기는 녹록지 않을 나이였다. 이럴 땐 엄격하게 규칙을 적용하기보다는 수의 합이 30을 넘지 않아도 된다는 예외 규칙을 적용하는 편이 흥미를 떨어트리지 않는 방법이다. 모든 규칙을 터득할 때까지 믿고 기다려준다면 아이들은 머지않아 조커 카드도 자유자재로 활용하는 고수가 될 것이기 때문이다.

얼마 후 우리 집 두 아이는 총합이 30을 넘는 덧셈도 자연스럽게 익혔고, 그 뒤로는 다른 규칙도 빠르게 습득해 승률을 높여나갔다. 그리 오래 지나지 않아 부모를 이기는 횟수도 잦아졌고, 그럴수록 아이들은 루미큐브에 더 깊이 빠져들었는데, 모든 건 믿고 기다려준 덕분이었다.

루미큐브를 비롯한 많은 보드게임의 설명서에는 가장 어린 사람부터

루미큐브를 비롯한 많은 보드게임의 설명서에는
가장 어린 사람부터 게임을 시작한다는 규칙이 명시된 경우가 많다.
이는 사실상 최연소자에게 약간의 특혜를 주는 것이다.

게임을 시작한다는 규칙이 명시된 경우가 많다. 먼저 시작하는 사람이 점수를 획득하거나 결승점에 더 빨리 도착할 가능성이 크기 때문에 이는 사실상 최연소자에게 약간의 특혜를 주는 것이다. 이 규칙은 우리나라 놀이에서 찾아볼 수 있는 깍두기 문화와 일정 부분 닮았다. 어릴 때 편을 갈라 놀다 보면 몸이 약하거나 나이가 어려 놀이에 적극적으로 동참하기 힘든 아이들이 있었다. 그때 그런 친구들을 소외시키는 대신 일명 '깍두기'라고 부르며 놀이에 함께 참여할 수 있도록 배려했다.

깍두기라는 용어는 실제 김치의 한 종류인 깍두기를 담그는 과정에서 유래된 말이다. 둥그스름한 무를 모두 정육면체로 깍둑썰기란 불가능하다. 모양새로 편을 가르지 않고 모두 한데 버무려 만든 김치가 깍두기인데, 이것이 놀이문화에서 같은 의미로 쓰이게 된 것이다. 당장은 서툰 존재더라도 같이 어울려 노는 모습이 닮았다는 뜻에서 말이다. 만약 심성에도 전통이 있다면 내가 꼽는 우리나라 최고의 전통은 깍두기 심성일 것이다. 불이익을 감수하고서라도 약자를 배제하지 않는 포용력이 놀이에서조차 나타나니까 말이다.

넷플릭스의 흥행작 〈오징어게임〉에도 한국의 깍두기 문화가 잘 표현되어 있다. 어떤 팀의 선택도 받지 못해 죽음을 맞이할 거라고 예상되었던 인물 한미녀가 깍두기로 살아남은 모습은 외국인들에게 상상하기 힘든 반전이었는가 보다. 영어로 깍두기를 대체할 말이 없어 'The Weakest Link(가장 취약한 고리)'라고 번역될 정도로 그들의 문화에 깍두기는 존재하지 않았으니 무용지물처럼 보였던 약체가 승승장구하는 장면은 분명 충격적이었을 것이다.

때로 깍두기를 배려하는 선한 마음이 행운으로 돌아오기도 한다. 깍두기라고 해서 영원한 깍두기가 아니기 때문이다. 기다려주기만 하면 깍두기도 모든 규칙을 이해해 게임에서 존재감을 뽐내는 날이 온다. 루미큐브에서도 마찬가지다. 깍두기가 성장해 타일 조합을 정확하게 분리하고 조커와 더 많은 타일을 내려놓기도 해 내가 활용할 조합도 늘어나 나 역시 득을 보게 된다.

어린 시절 즐겨 했던 얼음땡 놀이에서 작고 귀여운 천하무적 깍두기가 그 누구의 권력에도 굴하지 않으며 해맑게 돌아다니다 전부 얼음이 되어 경기가 끝날 즈음 유유히 땡을 해줘 모두를 구해냈던 추억이 누구에게나 한 번쯤은 있을 것이다. 깍두기를 끼워준 건 신의 한 수였다.

Tips for Honey

실력이 어느 정도 궤도에 오르면 루미큐브 공식 사이트에서 소개하는 트위스트 룰Twist rule과 익스프레스 룰Xpress Rule에 도전해보기를 추천한다. 이 둘은 확장판 개념으로 트위스트 룰은 더블 조커, 색바꿈 조커, 거울 조커 등 특수 조커가 추가된 형식이고, 익스프레스 룰은 주사위 18개로 겨루는 루미큐브로 생각하면 된다.
1991년 이스라엘에서 첫 대회가 개최된 이래로, 세계적인 인기에 힘입어 3년마다 루미큐브 세계 챔피언십 대회가 열리는데, 우승자에겐 2장의 세계 여행 티켓이 주어진다. 최연소 우승자는 일본의 7세 소녀였으나 16세 이상 참가 규정 때문에 아쉽게도 수상은 불발되었고, 최고령 우승자는 홍콩의 98세 할머니였다.
네덜란드에서는 네 번, 일본에서는 세 번이나 우승자를 배출했다. 이 대회에서 2015년에 한국인이 2위를 차지한 적이 있다고 하니 조만간 우승 소식도 들려오기를 기대한다.

스킵보
SKIP-BO

 2~6명

 약 20분

 7세 이상

캐나다산 보물지도

스킵보의 히스토리

보드게임 중에는 우노, 페이즈 10, 시퀀스, 루미큐브, 플레잉 카드처럼 수의 나열 방식으로 겨루는 게임들이 많다. 단순한 규칙으로도 수의 연속성이나 크기를 비교하면서 숫자와 친해질 수 있다는 게 장점인 게임들이다. 스킵보 역시 수의 연속성을 이용하는 게임인데, 카드를 활용하는 칸이 여러 군데라서 몇 배는 더 집중해야 하고 그 덕분에 수의 개념을 더 확실하게 익힐 수 있다. 1967년 미국의 개발자 미니 헤이즈 스킵 보먼Minnie Hazel Skip Bowman이 자신의 이름을 따서 만든 스킵보는 무료 온라인 게임 스파이트 앤 맬리스의 상용 버전으로 북미권에서 우노만큼이나 인기 있는 게임이다.

스킵보는 1부터 12까지 숫자를 차례로 나열하는 개념만 알면 누구나 도전할 수 있다. 구성품으로는 1에서 12까지 적힌 숫자 카드 12세트 144장과 스킵보라 적힌 와일드카드 18장을 합쳐 총 162장이 들어 있다. 게임의 목표는 경기 시작 때 각각 나눠 가진 30장(2인 기준)의 카드를 먼저 없애는 것이며, 1부터 12까지 순서대로 카드를 버리는 방식이다.

규칙이 우노와 비슷해 간단하지만, 우노와 달리 순서대로 카드를 내려놓는 칸이 네 군데 있다는 사실과 쓸모없는 카드를 버리는 휴지통 칸도 네 군데나 있다는 점은 복잡하게 느껴질 수 있다. 우노나 원 카드 게임을 4배로 진행한다고 생각하면 이해하기 쉬울 것이다.

각 플레이어는 처음 나눠 가진 30장의 카드 중 맨 위 카드를 뒤집어 숫자가 보이게 놓은 뒤 더미 카드(새 카드를 가져오는 곳)에서 카드 5장을 가져와 자신만 보이게 손에 든다. 이렇게 활용할 수 있게 된 6장의 카드를 이용해 1부터 12까지 순서대로 카드를 버리면 된다. 매회 손에는 5장의 카드를 유지해야 하고 더미 카드 맨 위 카드도 항상 숫자가 보이게 뒤집어 놓아야 한다. 더 이상 내려놓을 카드가 없을 땐 휴지통에 1장의 카드를 버리고 다음 사람에게 차례를 넘긴다. 스킵보에서는 모든 숫자를 대체할 수 있는 스킵보 카드와 휴지통에 이미 버렸던 카드들의 맨 위에 놓인 카드들도 언제든지 쓸 수 있어 폭넓은 시야로 카드를 볼 줄 아는 것이 중요하다. 이렇게 쓸 수 있는 카드를 전부 활용해 가장 먼저 처음 나눠 가진 30장을 없애는 사람이 경기에서 이긴다.

스킵하지 않는 스킵보

스킵보의 'Skip'은 이 게임을 만든 개발자의 이름을 딴 것이지만, '건너뛰고 넘어가다'라는 뜻의 '스킵'의 의미도 중의적으로 담겨 있다. 더 이상 연속하는 순서로 낼 카드가 없을 때 스킵보 카드가 조커 카드처럼 다른

스킵보는 1부터 12까지 숫자를 차례로 나열하는 개념만 알면
누구나 도전할 수 있다.

숫자를 대체해 실패의 공백을 건너뛰게 해주기 때문이다. 원 카드나 우노에 비해 몇 배는 더 많은 카드를 활용해야 한다는 점 때문에 다소 복잡해 보이지만, 우리나라에서 거의 알려지지 않은 이 게임에 우리 가족이 관심을 갖게 된 건 이 게임에 무시해서는 안 될 소중한 가치가 들어 있기 때문이다.

스킵보는 약 20년 전 캐나다 공립학교에서 아이들을 가르칠 때 우연히 알게 된 게임이다. 당시 나는 다른 한국인 선생님 두 사람과 함께 캐나다의 외곽 소도시에서 살고 있었다. 당시 그 작은 도시의 풍경은 평화로움을 넘어 적막함이 느껴질 정도로 여러 가지가 빠져 있는 것처럼 느껴졌다. 야근하는 회사도 늦게까지 문을 여는 상가도 없으니 저녁부터 길거리가 텅텅 비고, 치열한 사교육 경쟁은 물론이고 소도시라 교민마저 몇 없었다. 한국에서 바쁘게만 살아왔던 내게는 도시 곳곳이 마치 스킵 버튼을 누른 영상처럼 휑하게 보였던 것이다. 아이러니하게도 이렇게 텅 빈 풍경을 꽉 채워준 건 다름 아닌 스킵보 게임이었다.

하루는 한 현지인 가족이 나를 포함한 두 한국인 선생님을 집에 초대해준 적이 있었다. 성대한 저녁 식사를 대접한 그는 기념 촬영까지 마치더니 마치 정해진 식순이라도 된다는 듯이 보드게임 하나를 꺼내왔는데 바로 스킵보였다. 현지인들이 보드게임 방법을 설명해줄 때 나오는 공통적인 반응은 다들 아주 쉽고 재미있다고 강조하며 세상에서 가장 행복해 보이는 표정으로 함께하자고 제안한다는 것이다. 아이들이 자기가 좋아하는 장난감을 들고 와 해맑은 표정으로 같이 놀자고 조를 때처럼 말이다.

50대로 추정되는 부부가 그런 표정으로 게임을 설명해주니 시작도 전에 설렜고, 우리 중에 수학 선생님이 있던 덕분인지 첫판에 승리하기까지 했다. 그 부부와 함께 당시 대학생이던 두 자녀가 홍조 띤 얼굴로 연신 축하를 해주는데 그제야 왜 스킵보를 하는지 이유를 알 것 같았다. 그들은 가족끼리 마주하며 즐기는 시간의 소중함을 건너뛰지 않았던 것이다.

자기 할 일에만 몰두하느라 가족 간에 대화를 놓치고, 아이들이 어느 정도 커버리면 가족이 함께 모여 시간을 보내는 일이 어색하기만 한 여느 풍경과는 달랐다. 언제나 가족이 함께하는 일이 최고의 행복이라 여기고 그 행복을 스킵보와 같은 보드게임을 하면서 놓치지 않는 모습을 보고 있자니, 나 역시 애타게 찾던 보물을 발견한 기분이었다. 그것도 캐나다 한 가정의 평범한 식탁에서 말이다.

Tips for Honey

스킵보는 미국과 캐나다에서 대중적인 게임이지만 국내에선 거의 알려지지 않은 편이다. 반드시 스킵보 카드를 사지 않더라도 집에 플레잉 카드가 3세트가 있다면 그걸 이용해서 미리 스킵보 게임을 즐겨보자. 이때는 스킵보 카드 대신 조커 카드를, 11과 12 카드 대신 J와 Q 카드를 사용하면 된다.

좀 더 빠르고 정확하게 규칙을 이해하고 싶다면 인터넷에서 무료 온라인 게임인 Spite and Malice를 검색해 게임을 해보는 것도 방법이다. 이 게임의 상용 버전이 스킵보이기 때문에 규칙이 같다.

플레잉 카드
PLAYING CARD(트럼프)

 1명 이상
 약 10분
5세 이상

개천에서 조커 난다

플레잉 카드의 히스토리

카드의 으뜸 패를 지칭하는 '트럼프'라는 용어가 와전되어 국내에서 '트
럼프 카드'로 잘못 불리고 있는 이 보드게임의 정확한 명칭은 플레잉 카
드다. 중국의 종이 발명 직후인 7~10세기에 만들어진 것으로 추정되며,
실크로드를 통해 서양에 전파된 후 각 지역의 특성에 맞게 문양과 종류
가 변화했다.

오늘날 세계 전역에서 표준 카드로 사용되는 플레잉 카드는 에이스
Ace · 킹King · 퀸Queen · 잭Jack의 그림패와 2~10의 숫자패 그리고 조커로 이
루어졌으며, 에이스·킹·퀸·잭·10·9·8·7·6·5·4·3·2 순으로 순위가
낮아진다. 카드 한 벌(deck, 덱)은 1년 52주를 의미하는 52장의 숫자 카
드와 2장의 조커 카드를 더해 총 54장으로 구성되며, 모양별로는 빨간
색 다이아몬드(◆)와 하트(♥), 검은색 클로버(♣)와 스페이드(♠) 총 4종
류로 나뉜다. 모양별 카드에는 각 1~13을 의미하는 숫자 혹은 알파벳이
적혀 있는데, 이를 모두 더하면 364가 되고 여기에 조커 2개를 더하면
366이 된다. 이는 윤달이 있는 1년 366일을 의미해 카드가 우리의 삶을

반영하고 있음을 알 수 있다.

납세 증명서가 된 스페이드 에이스

플레잉 카드에서 유독 크고 화려하게 인쇄되어 눈에 띄는 1장이 있는데 바로 스페이드 에이스다. 이유가 무엇일까? 17세기 영국에서는 카드놀이가 대유행했고 18세기 산업혁명으로 여가 시간이 늘자 카드의 인기는 식을 줄을 모르고 치솟았다고 한다. 세수 확보가 필요했던 정부는 카드놀이의 대유행을 이용해 카드에 종이를 발행할 때 내는 세금인 인지세를 부과했는데, 이때 일종의 납세 증명서로서 스페이드 에이스를 복잡한 문양으로 인쇄해 카드 맨 위에 올려 판매했다.

카드에 세금이 매겨지자 교묘히 가짜로 만든 스페이드 에이스 카드로 세금을 피하려는 사람들이 생겨났고 그럴수록 정부는 위조 방지를 위해 점점 더 복잡한 문양으로 스페이드 에이스를 인쇄해 나갔다. 플레잉 카드에 더는 세금을 걷지 않지만, 이 관습만은 오늘날까지 이어져 스페이드 에이스는 여전히 화려한 자태를 뽐내고 있다.

플레잉 카드는 숫자 순서와 여러 모양을 익힐 수 있을 뿐만 아니라, 활용도 면에서도 무궁무진하다. 주사위나 숫자를 기반으로 한 보드게임(요트, 시퀀스 등)의 대체품 역할을 하기도 하고, 우리에게 잘 알려진 원카드뿐 아니라 익숙하진 않더라도 궁전, 손과 발, 쓰레기, 숟가락들 등 다양한 종류의 카드게임으로 즐길 수 있다. 만능 역할을 하는 조커 카드처럼 플레잉 카드는 여러 놀이에 다양하게 활용이 가능한 '만능 간장' 같은 만능 카드라 할 만하다.

조커, 비장의 카드

체스와 마찬가지로 플레잉 카드에도 계급이 적나라하게 드러난다. 킹(K)은 왕, 퀸(Q)은 여왕, 잭(J)은 신하를 뜻하고, 네 종류의 모양에서 ♠는 기사 혹은 귀족, ♥는 성직자, ♦는 상인, ♣는 농민 계급을 상징한다. 공정해도 모자랄 승부의 세계에서 시작도 전에 카드는 당당하게 서열을 보여주고 있다.

수 세기에 걸쳐 그 불공평에 대한 반발은 다양한 방식으로 표출됐고 많은 것이 바뀌었지만 아직 플레잉 카드에는 여전히 계급이 견고하게 남아 있는 것이다. 공정함을 회복할 해답은 없는 걸까? 나는 카드를 섞는 기술에서 그 해답을 찾았다. 카드에서는 인생의 출발선은 엄연히 다르고 쥐고 태어난 팔자가 다 같은 모습일 수 없다는 사실을 쿨하게 인정해버린다. 이내 우리는 저절로 공평한 차선책을 찾는데, 열정을 담아 현란할 정도로 카드를 섞고 또 섞는다. 본연의 그림을 바꿀 수는 없는 노릇이지만 최소한 나누어 가질 패가 고루 섞여 균등하게 주어진다면 그 공평함에 다소간 위로받을 수 있다는 걸 알기라도 한 것처럼 말이다.

더욱이 카드게임을 하다 보면 반드시 왕이 최고가 아니요, 클로버가 나쁜 것도 아님을 알게 된다. 서로 힘을 합쳐야만 좋은 패가 되는 것이

플레잉 카드에는 계급이 적나라하게 드러난다.
킹(K)은 왕, 퀸(Q)은 여왕, 잭(J)은 신하를 뜻하고, 네 종류의 모양에서
♠는 기사 혹은 귀족, ♥는 성직자, ♦는 상인, ♣는 농민 계급을 상징한다.

라 모든 카드는 필요한 순간 얼마든지 최고의 카드가 되는 것이다. 하트 3이 필요한 간절한 타이밍에 킹이 나온들 무슨 쓸모가 있겠는가.

54장의 카드 중에 모두가 한결같이 바라마지 않는 카드가 있는데 단 2장만 존재하는 조커 카드가 그것이다. '농담하는 사람'이란 뜻에 걸맞게 조커 카드를 집어든 사람의 얼굴에는 숨길 수 없는 미소가 새어나올 정도다. '궁중 광대'를 상징하는 조커가 카드의 세계에서는 계급을 뛰어넘어 최고의 카드로 여겨지는 것만 봐도 불공평이 끝까지 불공평으로 남는 건 아닌 것 같다. 카드의 그림을 바꿀 수 없다면 먼저 카드를 쥐고 있는 마음을 바꿔보자. 당신이 쥔 카드가 무엇이든 간에 때가 되면 조커를 손에 쥔 순간처럼 빛날 것이기 때문이다. 개천에서 용이 아니라 조커 나는 날이 분명 올 것이다.

Tips for Honey

미국 라스베이거스 호텔의 카지노들은 일반적인 카드보다 질이 월등히 우수한 카드덱을 자체적으로 제작해 사용하는데, 게임에 사용된 카드를 재포장한 뒤 1~3달러 선의 저렴한 가격에 판매한다.
라스베이거스를 여행할 기회가 있다면 소확행 기념품으로 구입하기를 추천한다. 카드 제작사로 유명한 바이시클 카드사의 공식 홈페이지 bicyclecards.com에서는 슬랩잭과 같은 단순한 게임부터 포커에 이르기까지 카드를 이용한 다양한 게임을 소개하고 있으니 관심 있다면 참고해보자.

키즈멧
KISMET

 2~8명

 약 20분

 7세 이상

수학을 포기하지 않을 이유

키즈멧의 히스토리

키즈멧Kismet은 터키어로 '운명'을 뜻한다. 말 그대로 주사위에 운명이 달린 게임이다. 이름도 낯선 이 보드게임은 어디에서, 어떻게 시작되었을까? 힌트는 키즈멧 상자 겉면에 적힌 문구 'The Modern Game of Yacht'에 있다. 번역하면 '현대판 요트 게임'이란 뜻이다. 요트 문화가 발달한 서양에서는 요트를 타면서도 게임을 즐겼는데, 그중에 주사위로 포커 게임을 할 수 있게 만든 것이 요트 게임이다. 제조사에 따라 야추, 야찌, 야트 등으로 다양하게 불리며, 이를 또다시 변형해 출시한 게임이 키즈멧이다.

주사위는 자기 차례에 최대 세 번까지 던질 수 있다. 처음 조합이 마음에 들면 멈춰도 되지만, 그렇지 않다면 5개의 주사위 전부 혹은 일부만 골라 다시 던질 수 있다. 나온 숫자의 조합을 점수표의 15개 칸 중하나에 적는데, 만약 일치하는 칸이 없다면 아무 칸이나 하나 골라서 0을 써넣으면 된다.

이 게임은 기본적으로 포커의 점수표, 이른바 족보를 이해해야 한다. 스트레이트, 플러쉬, 풀하우스 등이 뜻하는 바를 알면 키즈멧 규칙의 90퍼센트를 이해한 거나 마찬가지다. 기본 점수 칸에는 Aces(1), Deuces(2), Treys(3), Fours(4), Fives(5), Sixes(6)가 있는데, 여기엔 같은 수의 총합을 적으면 된다. 예를 들어 5개 주사위가 각각 2, 3, 3, 5, 6이 나왔으

면 3이 2개이므로 Treys(3) 칸에 6을 써도 되고, 6이 하나 나왔으므로 Sixes(6) 칸에 6을 써도 된다. 총합이 같을 때 선택은 각자의 몫이다.

키즈멧 점수 칸의 2 Pair는 두 쌍의 주사위에 표시된 눈의 색이 같을 때, 3 of a Kind는 3개 이상의 같은 수가 있을 때 적는 칸이다. 스트레이트는 1-2-3-4-5 또는 2-3-4-5-6이 나올 때 30점을 적는 칸이고, 플러시는 주사위 눈의 색이 모두 같을 때 35점을 적는 칸이다. 풀하우스는 1-1-1-4-4처럼 같은 숫자가 3개, 2개 조합일 때 그 총합에 15점을 더한 수를 적는 칸이다. 풀하우스 세임 칼라는 풀하우스 조합이 같은 색일 때 총합에 20점을 더해 적는 칸이다. 주사위 눈이 4개 이상 같을 때는 총합에 25점을 더해 4 of a Kind 칸에 적는다. 야보로는 적절한 조합이 없을 때 수의 총합을 적는 구사일생 칸이다. 총 15번의 회차가 끝난 뒤 총점이 가장 높은 사람이 이기게 된다.

수학과 키즈멧의 평행이론

키즈멧에서 승리하고 싶다면 주사위의 운에만 의존하지 말고 수학과 키즈멧의 상관관계를 이해해야 한다. 여기엔 평행 이론이 존재한다. 첫째, 수학에 공식이 있듯 키즈멧엔 족보가 있다. 둘째, 공식에 대입해 문제를 풀면 정답이 나오는 것처럼 주사위의 조합을 족보에 적용하면 점수가 나온다. 셋째, 과거 수학자들이 논리적으로 완벽한 규칙을 찾아내 정리한 것이 수학의 공식이라면 주사위가 나오는 경우의 수와 각각의 확률에 따른 점수의 차등을 두어 점수표를 만든 것이 키즈멧의 족보이다. 그 덕에 추론하고 분석하는 별도의 수고로움 없이 공식과 족보에 대입하는 간편한 방법으로 문제도 풀고 게임도 즐길 수 있다. 웃고 떠들며 놀던 단순한 게임의 이면에도 철저히 계산된 수학적 논리가 숨어 있다니 참 놀랍지 않은가.

여기에서 그치지 말고 수학적 사고력을 더한다면 승리에 한발 더 가까이 다가갈 수 있다. 흔하게 나올 수 있는 주사위 조합과 희박한 조합의 확률을 이해해 더 높은 점수를 얻는 족보 칸을 고를 수 있어야 하고, 특히 야보로 같은 특별 보너스 구간을 최적의 타이밍에 사용할 줄 알아야 한다.

우리가 수학을 배우는 이유

키즈멧은 주사위의 운명 외에도 확률적으로 유리한 조합을 구분하고, 같은 조합이더라도 높은 점수를 얻는 방법을 알아야 해서 수에 대한 본능적 감각이 뛰어난 사람에게 유리할 수밖에 없는 게임이다. 일례로 내가 가르쳤던 초등학교 1학년부터 6학년을 대상으로 이 게임을 진행해본 결과, 적어도 초등 4학년 이상의 수학 교과 과정을 이수한 학생들이라야 수에 대한 이해와 감각을 갖춰 게임에서도 평균적으로 높은 점수를 얻는다는 사실을 알 수 있었다. 여기서 눈여겨볼 점은 시간이 지남에 따라 저학년 학생들이 이 격차를 극복했다는 사실이다. 키즈멧을 반복할수록 자연스럽게 수학에 대한 감각이 향상된 결과였다.

얼마 전 열 살이 된 첫째가 이렇게 물었다.

"엄마, 우리가 일상에서 덧셈, 뺄셈만 할 줄 알아도 사는 데 별로 지장이 없는데 왜 그렇게 어려운 수학을 배워야만 하는 거예요?"

아들의 갑작스러운 질문에 처음엔 이렇게 대답하고 싶었다.

키즈멧은 주사위의 운명 외에도 확률적으로 유리한 조합을 구분하고,
같은 조합이더라도 높은 점수를 얻는 방법을 알아야 해서
수에 대한 본능적 감각이 뛰어난 사람에게 유리할 수밖에 없는 게임이다.

"수학은 매우 논리적인 학문으로서 유명한 수학자로 피타고라스, 유클리드, 페르마가 있는데…, IT 강국에서는 컴퓨터 공학이 발달했는데, 그 원리를 살펴보면 수학의 원리 중에서 대표적인 이진법으로…"

하지만 지나치게 백과사전 같은 설명은 어린아이에게 와 닿지 않을 때가 더 많다. 오랫동안 함께 보드게임을 해온 아이의 눈높이에 맞춰 이렇게 설명해주었다.

"만칼라, 스킵보, 셧더박스, 루미큐브, 키즈멧 등등이 다 수학적 논리를 이용해 만든 보드게임들이야."

아이는 짧은 설명에도 금세 알아들었다는 듯이 고개를 끄덕였다.

Tips for Honey

키즈멧의 원조인 요트는 국내에서도 쉽게 구할 수 있을 뿐만 아니라 전용 게임기나 모바일용 게임으로도 어렵지 않게 접할 수 있다. 모바일 기기의 특성상 휴대가 간편하고 점수 계산이 빨라 이동 중에도 가볍게 즐길 수 있는 장점이 있다.
2020년에 닌텐도에서 발매한 51 Worldwide Games에 수록되었는데, 유튜브나 트위치 등에서 활동하는 스트리머들은 이 게임을 '야추'라고 부르고 있다.

순발력과 집중력

Agility, Concentration

스팟잇

스위시

5초 준다

잭스

라비린스

스팟잇
S P O T - I T

 2~8명

 약 10분

 6세 이상

너와 나의 연결고리

스팟잇의 히스토리

스팟잇은 2008년 미국인 데니스 블란쳇이 개발한 순발력과 집중력을 기를 수 있는 원형 카드게임이다. 각기 다른 그림 8개가 그려진 55장의 카드를 2장씩 비교해 같은 그림을 찾아내는 게 목표인 이 게임은 미국판은 스팟잇, 유럽판은 '도블Dobble'로 불린다. 무엇보다 빠른 속도로 먼저 같은 그림을 찾아내야 하다 보니 그 어느 때보다 순발력이 요구된다. 규칙도 어렵지 않고 손바닥만 한 크기라 휴대하기도 편해 나들이나 캠핑, 가까운 곳을 여행할 때 즐기기에도 안성맞춤이다.

게임은 플레이어가 1장씩 카드를 나눠 가진 뒤 남은 카드는 그림이 보이도록 가운데 두고 시작한다. 자신의 카드와 가운데 놓인 카드를 비교해 같은 그림을 가장 먼저 찾아낸 플레이어가 카드를 가져간다. 가운데 놓여 있던 카드가 다 없어지면 게임이 종료되며, 가장 많은 카드를 가진 사람이 이긴다. 게임 방식을 바꿔 1장의 카드를 가운데 내려놓고 남은 카드를 똑같이 나눠 가진 뒤, 손에 든 카드와 중앙의 카드에서 같은 그림을 찾아 내려놓는 방식으로 경기를 치를 수도 있다. 이때는 손에

든 카드를 가장 먼저 없앤 사람이 이긴다.

결국 스팟잇의 유일무이한 전략은 단 1초 남짓 만에 같은 그림을 찾아내는 능력이다. '앵무새! 샥~! 느낌표! 샥~! 선인장! 샥~!' 모든 게 순식간에 사라져서 동공은 비상 태세를 갖춘 채 움직이고, 때론 승부욕에 불

타서 눈을 미친 듯이 굴리다 보면 가끔 착시현상에 빠지기도 한다. 예를 들어, 바닥에 있는 카드에서 곰을 찾아야 할 때 마음이 급하다 보면 갈색이 들어간 모든 형체가 곰으로 보이는 것이다. 재밌는 건 바닥 카드에선 그렇게 안 찾아지던 곰이 남의 카드 위에서는 왜 이리 잘 보이는 건지.

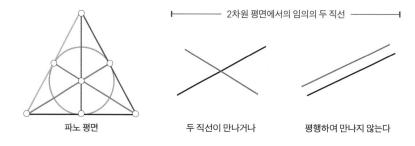

파노 평면   두 직선이 만나거나   평행하여 만나지 않는다

스팟잇은 사영기하학의 원리를 응용한 게임으로도 유명하다. 일반적인 2차원 평면에서 평행한 두 직선은 결코 한 점에서 만날 수 없지만, 사영기하학에서 말하는 파노 평면에서는 서로 다른 두 직선은 반드시 만난다. 미술관에 걸린 그림 속 기찻길이 분명 평행한 두 직선임에도 불구하고 원근법에 따라 멀리 있는 쪽의 선로가 한 점에서 만나는 것처럼 보이는 게 그 대표적 예이다. 이처럼 파노 평면 이론에서 말하는 '반드시 만나는 점'을 바탕으로 만들어진 스팟잇은 카드 55장 중 무작위로 어떤 2장을 뽑더라도 공통인 그림이 하나는 꼭 존재한다. 이런 수학적 원리가 게임에 활용되었다니 신기한 일이지만 무엇보다 간단하게라도 아이들에게 이 원리를 언급해주면 좋은 자극제가 될 것이다.

세상은 우리가 생각하는 것보다 더 연결되어 있다

앞서 언급했듯 스팟잇처럼 아이에게 알려주고 싶은 배경지식이 있을 땐 게임 시작 전에 미리 설명해주면 그 게임에 대한 호감도를 높일 수 있다.

자세한 설명이 어렵다면 무작위로 뽑은 2장의 카드에 반드시 같은 그림이 하나 존재한다는 사실만 알려줘도 55장의 카드를 펼쳐 그림을 확인해보고 싶은 마음에 아이의 몸이 들썩이게 될 것이다.

우리 집 두 아이의 경우 처음엔 다소 이해가 되지 않았는지 영 신통치 않은 반응을 보이기도 했지만, 마치 무슨 비밀 병기라도 있다는 듯이 이렇게 덧붙이자 눈을 반짝이며 관심을 보였다.

"그런데 말이야, 이게 수학 원리에 따라 만든 거라서 어떤 카드 2장을 뽑아도 그 안엔 같은 그림 하나가 꼭 있대."

이 말이 끝나자마자 두 아이는 카드를 꺼내 바닥에 펼치더니 시키지 않아도 같은 그림을 찾아내기 시작했다. 그림이 일치하는 걸 직접 확인하게 되자 그때부터 아이들은 스팟잇을 마치 신성한 물건처럼 보곤 했다.

게임을 하다가 자연스럽게 정보를 전달해도 좋겠다 싶은 순간, 전 세계 인구가 최대 6명만 거치면 다 아는 사람이라는 '케빈 베이컨의 6단계 법칙'에 대해서도 살짝 설명을 곁들였다. 이 법칙은 1920년대에 헝가리 작가 프리제시 카린시의 작품 《연쇄Chain》에 소개된 것으로 다음과 같이 언급되었다.

"그는 지구상에 사는 사람들이 그 어느 때보다 훨씬 가까워졌다는 것을 증명하기 위해서 하나의 실험을 제안했다. 그는 이 지구상의 15억 인구 중 아무나 한 사람의 이름을 뽑았을 때, 5명 이하의 연쇄적인 친분 관계를 통해 자신이 그에게 연결될 수 있다고 장담했다."

당시 이 법칙은 작가의 주장에 불과했으나 이후 과학자들이 증명해 사실로 밝혀낸 바 있다. SNS가 발달한 이후엔 6명까지 갈 필요 없이 세

스팟잇은 사영기하학의 원리를 응용한 게임으로도 유명하다.
일반적인 2차원 평면에서 평행한 두 직선은 결코 한 점에서 만날 수 없지만,
사영기하학에서 말하는 파노 평면에서는 서로 다른 두 직선은 반드시 만난다.

상 사람들이 두세 다리만 거치면 아는 사람이 된다고 하니 온 세상이 이웃이란 말을 새삼 실감하게 된다. 이 이야기를 흥미롭게 듣던 우리 집 두 아이는 이번엔 카드 10장을 원형으로 바닥에 깔더니 시계 방향으로 돌면서 카드와 카드 사이의 연결고리를 찾기 시작했다. 얼마쯤 후에 드디어 엄마의 말이 믿긴다는 목소리로 이렇게 소리쳤다.

"와! 앵무새가 똑같아요.""우와! 물음표가 똑같이 있어요."

세상이 모두 유기적으로 연결되어 있다는 거창한 철학까지 느끼길 기대한 건 아니었다. 그저 사물과 사물 혹은 사람과 사람과의 연결고리를 허투루 보지는 않았으면 하는 작은 바람이 있었을 뿐이다.

Tips for Honey

스팟잇은 클래식, 동물, 알파벳, 스포츠, 마블, 픽사 등 다양한 버전이 있다. 설명서에 4개의 추가 게임 방법이 더 소개되어 있으니 다양한 방식으로 즐겨보기를 권한다.
1장을 가운데에 내려놓고 더미에서 1장씩 뒤집으면서 맞힌 사람이 가져가기, 반대로 카드를 나눠 가진 뒤에 비교해서 내려놓기 등 여러 가지 방법으로 응용할 수 있다.
그림 카드 중에는 다양한 캐릭터와 상징에 대해 영어로 설명이 되어 있으니 영어 단어에 관심이 있는 분들은 영어로, 아니면 한글로 아이에게 쉽게 설명을 해준다면 좀 더 재미있게 게임을 즐길 수 있다.

스위시
S W I S H

 2~6명

 약 10분

 8세 이상

뒤집어 생각하기

스위시의 히스토리

스위시는 2011년 이스라엘의 수학 교사 즈비 샬렘과 갈리 시몬이 공동 개발한 순발력 퍼즐게임이다. 스위시의 뜻은 '획' 또는 '쉬익' 하는 소리를 나타내는 의성어로, 농구 경기에서 공이 골대 가장자리에 닿지 않고 들어가는 샷을 '스위셔Swisher'라고 부른 데서 유래했다.

이 게임은 손을 대지 않고 머릿속에서 카드를 뒤집어보고 회전시키면서 여러 장의 카드에 그려진 모양과 색, 위치를 파악한 뒤 겹쳤을 때 완전히 포개지는 카드를 찾는 게임으로 공간지각능력, 관찰력, 집중력을 키우는 데 도움이 된다. 스팟잇이나 할리갈리처럼 속도전 게임이므로 순발력이 좋아지는 건 말할 것도 없다.

60장의 투명한 플라스틱 카드에는 여러 색깔의 링과 원이 다양한 위치에 그려져 있는데 이 중 16장을 흰 바닥 위에 펼쳐놓는 걸로 게임을 시작한다. 포개지는 조합을 찾으려면 펼쳐진 카드를 빠른 속도로 훑어보면서 각각의 위치를 파악해야 한다. 같은 위치에 같은 색의 링과 원이 있는 2장의 카드를 발견했다면 2장을 포개 완성한 뒤 가져가면 되고, 빈

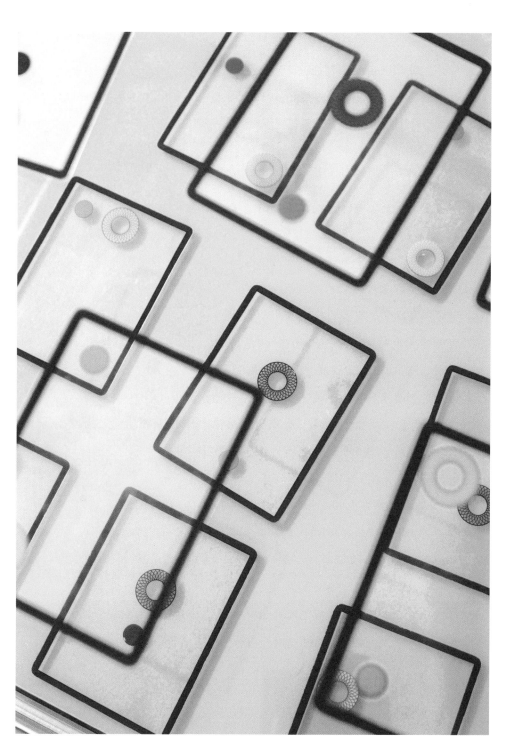

자리는 새 카드로 채워 넣는다. 2장을 겹치는 것이 실패로 돌아갔을 땐 벌칙으로 가지고 있던 카드 1장을 반납해야 한다. 바닥에 까는 카드가 모두 소진되었을 때, 가장 많은 카드를 획득한 사람이 이기는 게임이다.

가끔은 거꾸로 생각하면 답이 보인다

스위시는 평소 추상 전략 보드게임 위주로 즐기던 내가 변화를 주고 싶어 인터넷을 검색한 끝에 산 게임이다. 바닥에 깔리는 카드가 16장에 달해 처음엔 한눈에 훑기가 만만치 않았지만, 적응이 어렵지 않아 두어 번 만에 3장 이상의 카드도 빠르게 포갤 수 있었다. 스위시를 2인용으로 즐길 땐 더 많은 카드를 갖겠다는 승부욕이 솟구쳐 긴장감이 배가되는데, 이때 유의사항이 하나 있다. 바로 실력이 엇비슷한 상대와 겨뤄야 긴장감을 유지할 수 있다는 점이다. 한 사람의 실력이 월등히 좋으면, 상대방이 게임 원리에 익숙해지기도 전에 카드를 다 채가기 때문이다. 만약 원리를 제대로 이해하고 싶다면 1인용 버전으로 연습하기를 권한다. 실제 이 방법으로 당시 아홉 살이던 첫째 아이는 한두 시간 만에 5장 포개기에 성공했고, 원리를 습득한 이후부터는 순발력까지 좋아져 웬만해선 스위시 게임에서 지는 법이 없었으니까 말이다.

스위시를 할 때의 필승 전략은 카드를 뒤집어서 생각하면 답이 보인다는 것이다. 현재 상태에선 겹치지 않는 카드도 뒤집으면 짝이 되기 때문이다. 투명 카드를 뒤집으면 그려진 그림은 앞뒤 혹은 좌우 대칭으로 이동하게 되는데, 이를 오직 머릿속에서 회전시켜 예측해낼 수 있어야 카드를 손에 넣을 수 있다.

카드를 뒤집어가며 짝을 찾는 모습을 대견하게 지켜보다 문득 현실에서도 답이 보이지 않아 답답할 땐 일단 한발 물러나 뒤집어 생각해보는 여유를 가진다면 해답이 보일 수도 있겠구나 싶었다. 뒤집어 생각하는 발상의 전환은 때때로 우리의 고정관념을 흔들어 해답을 찾아주기도 하니까 말이다.

언젠가 답을 찾을 수 있다는 작은 희망

우리는 아는 문제 앞에선 좀처럼 당황하지 않는다. 문제집을 풀 때도 유형이 비슷한 문제는 숫자만 바꿔 대입하면 수월하게 답이 나오듯 아는 문제 곁엔 늘 빠른 해답이 붙어 다니기 때문이다. 진짜 당황할 때는 유형을 비틀어낸 문제가 나왔을 때다. 그럴 때는 정답이 아예 없는 것처럼 보여 속절없이 빈칸으로 답안지를 제출하는 것이다. 물론 정답이 없을 리는 없다. 단지 뒤집어 생각하는 발상의 전환을 시도하지 않았을 뿐이다.

인생에서도 우리를 답답하게 옥죄어 오는 건 유형을 비튼 문제에 직면할 때다. 난생처음 만난 듯한 난관 앞에서 어디에도 해결책이 없다고 생각해 쉽게 포기하거나 좌절한다. 이때가 바로 스위시의 필승 전략을 적용해볼 때다. 상황을 뒤집어서 생각해보거나 상대와 입장을 바꿔 생각해보면 전혀 예상 못했던 지점에서 답이 툭 튀어나오기도 한다. 그렇

이 게임은 손을 대지 않고 머릿속에서 카드를 뒤집어보고 회전시켜보면서
완전히 포개지는 카드를 찾는 게임으로 공간지각능력, 관찰력, 집중력을 키우는 데 도움이 된다.

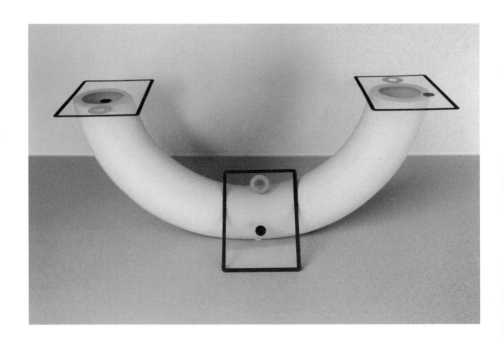

게 해서 답을 찾게 된다면 다음부터 그 문제는 우리에게 익숙한 문제가 된다. 아는 문제는 다음에 나오는 모르는 문제의 또 다른 힌트가 되기도 하고 말이다.

스위시에서 카드를 요리조리 뒤집는 궁리를 통해 답을 찾아낸 사람이 얻는 건 게임의 승리뿐이 아니다. 도무지 답이 없어 보이는 상황에서도 답을 찾을 수 있다는 희망을 함께 얻는 것이다. 그렇게 자신감이 쌓이다 보면 그 사람에게 인생에서 풀지 못할 문제란 결코 없을 것이다.

Tips for Honey

서로 포개지는 그림 한 쌍 이상을 찾아내면 되어 규칙은 간단하지만, 아이의 시야로는 16장의 카드가 펼쳐진 면적을 한꺼번에 파악하기가 쉽지 않다. 8장, 10장 등으로 카드의 수를 줄여서 진행하다 차차 늘려나가는 방식을 택해도 된다.
설명서에는 카드 수 제한에 따라 난이도가 달라지는 3가지 게임 방법과 혼자 속도전을 집중적으로 즐길 수 있는 1인용 버전을 추가로 소개하고 있으니 참고길 바란다.

5초 준다
5 SECOND RULE

 3~6명

 약 10분

 7세 이상

순발력에 대한 오해와 진실

5초 준다의 히스토리

2010년에 발매된 보드게임 파이브 세컨드 룰은 전 세계 50개국에서 수백만 개가 팔렸을 정도로 단숨에 베스트셀러 자리에 오른 인기 게임이다. 코리아보드게임즈에서 정식 발매되어 국내에서도 만날 수 있으며, 한국판 제목은 5초 준다이다. 특히 한국판에는 문제 바꾸기와 떠넘기기의 2가지 특수 카드가 포함되어 더욱 다채롭게 게임을 진행할 수 있다. 제목에서도 직관적으로 알 수 있듯이 5초 준다는 5초 안에 질문에 맞는 답을 하면 되는 게임이다.

이 게임의 개발자 마이클 시스트렁크는 5초 준다의 특징을 이렇게 소개한다.

"이 게임의 묘미는 누구나 대부분 답을 알고 있다는 것입니다. 공부할 필요도 없고, 박사 수준의 교육을 받을 필요도 없지요."

그의 말처럼 이미 알고 있는 답을 5초 안에 말하기만 하면 되는 게임이라 딱히 규칙이라고 말할 게 없을 정도다. 예를 들어, '동물원에서 볼 수 있는 동물 3가지'라는 질문을 뽑았다면 "사자, 코끼리, 기린" 이렇게 대답하면 되니까 얼마나 간단한가!

하지만 막상 게임을 해보면 입이 제때 떨어지지 않아 허둥거리기 일쑤라 대답하는 때보다 아는 건데 답을 못 하거나 엉뚱한 답을 말해서 웃는 순간이 더 많아지는 걸 경험하게 될 것이다. 그런 웃음이 나오는 돌발 상황이 이 게임의 묘미이기도 하지만 말이다.

이 게임이 굳건히 베스트셀러 자리를 지킬 수 있었던 또 다른 매력은 5초를 측정하는 구슬 타이머에 있다. 타이머의 구슬이 내려가면서 내는 요란한 소리가 긴장감을 높여 쉬운 질문에도 말문이 막히게 만들기 때문이다. 오죽하면 수업에서 이 게임을 할 때마다 학생들이 타이머를 붙잡고 "타이머 말고 선생님이 그냥 5초를 세 주시면 안 돼요? 제발요!"라고 호소할 정도였다.

5초의 법칙

영미권에서는 5 second rule이 음식을 바닥에 떨어트렸더라도 5초 안에 줍는다면 먹어도 괜찮다는 의미로 사용되는데, 때에 따라 3 second rule이라고도 한다. 해당 가설을 증명한 연구까지 있었던 것으로 보아 3초 또는 5초는 바닥에 떨어진 음식을 주워 먹어도 안전할 만큼 찰나의 시간이 분명해 보인다. 5초 준다는 이런 찰나의 시간 안에 질문에 맞는 3가지를 답해야 하는 게임이라 단연코 그 어느 때보다 순발력이 요

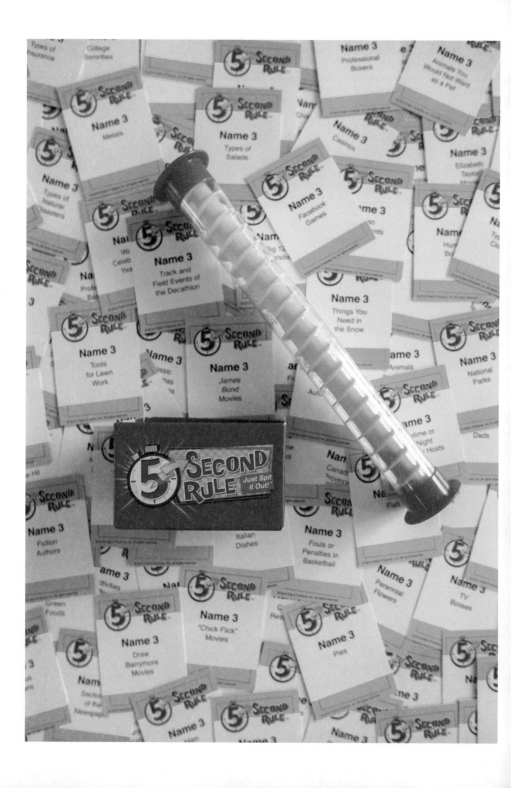

구된다고 할 수 있다.

그렇다면 순발력이란 무엇일까? 스포츠에서 말하는 순발력은 동작의 민첩성을 의미하지만, 사고력에서의 순발력은 단순히 빠르기만을 의미하지 않는다. 만약 그랬다면 성격 급한 내가 이 게임의 일인자가 돼야 마땅한데, 우리 집에서 5초 준다의 최강자는 막내이자 둘째 아들이기 때문이다. 둘째 아이는 어휘량이 부족한 주제를 제외하고는 주저함 없이 3가지 정답을 말해 대부분 카드를 척척 획득해낸다. 아는 건 많지만 머뭇거리다 5초를 다 보내고 마는 나와는 영 딴판이다.

한번은 질문 카드에 '명절에 먹는 음식 3가지'가 나온 적이 있다. 타이머가 돌아가자 내 머릿속은 온통 세계 각국의 명절로 뒤엉키기 시작했고 턱없이 부족한 5초를 원망하다 보니 게임이 끝나버렸다. 그때 간신히 대답했던 것이 먹어본 적도 없던 추수감사절 '칠면조'였으니 모두를 웃게 하기엔 충분했다. 반면 당시 여섯 살이던 둘째 아이는 어린이집에서 배웠던 명절 음식을 또박또박 순식간에 대답했다.

"떡국, 만두, 송편."

그런 둘째를 보면서 순발력엔 무엇보다 직관력이 필요하단 걸 깨달았다.

순발력을 발휘하는 과정을 관찰해보면 즉흥적으로 맞닥뜨린 문제 앞에서 망설임은 최소화하고 결단력은 최대화하여 최적의 결과를 빨리 도출한다는 걸 알 수 있다. 이는 직관력처럼 어떤 논리나 연상을 거치지 않고 신속하게 답을 말해 문제를 해결하는 방식이다. 즉 논리로 무장하거나 신중한 걸 좋아하는 성향일수록 순발력 싸움에선 불리할 수 있다. 상황의 흐름과 초래할 결과를 모두 헤아리려다 보니 즉흥적인 문제에

모든 문제를 순발력으로 해결하며 살아서는 안 되지만,
5초 안에 3가지를 답하는 연습은 때때로 일상에서 큰 능력으로 변모할 수 있다.

제대로 대처하지 못하는 것이다.

모든 문제를 순발력으로 해결하며 살아서는 안 되지만, 5초 안에 3가지를 답하는 연습은 때때로 일상에서 큰 능력으로 변모할 수 있다. 순식간에 벌어지는 일상의 크고 작은 선택지 앞에서 본능적으로 최상의 선택을 끌어내기도 하고, 위급한 상황에서 당황하거나 주저하지 않는 대처 능력으로 사람의 목숨까지 구할 수도 있을 테니까 말이다. 이러한 순발력을 연습하는 데 5초면 된다는데, 5초 준다를 안 할 이유는 없어 보인다.

Tips for Honey

5초 준다는 휴대가 간편하고 장소에 구애받지 않는 장점 덕분에 차로 이동하는 중에도 즐기기에 무리가 없다. 한국어판이더라도 아이들이 대답하기 부담스러워하는 주제가 있다면 관심사에 맞는 주제만 골라 게임을 진행하는 편이 더 많은 웃음을 유발한다.
우리 가족은 아이들이 특별히 좋아할 만한 쉬운 주제를 컴퓨터로 작성한 다음 다양한 색깔의 종이에 출력해 즐겼는데, 아주 폭발적인 반응을 얻었다.

잭스
JACKS

 1명 이상

 약 10분

 5세 이상

있는 그대로 예쁘다

잭스의 히스토리

잭스는 우리의 공기놀이와 비슷하다. 공기놀이는 가위바위보만큼이나 범세계적으로 퍼져 있는 놀이문화 중 하나이다. 이 놀이는 보드 대신 바닥을 이용하지만, 기술과 전략을 익혀간다는 점에서 보드게임과 결을 같이 한다. 특히나 손을 빠르고 정교하게 조작하며 임하는 놀이이기 때문에 순발력을 키워주는 데도 으뜸인 게임이다.

공기놀이는 작은 돌만이 아니라 동물의 작은 뼈, 딱딱한 씨앗 등을 사용해 기원전부터 행해졌으며, 오늘날까지도 다양한 방식으로 변형되고, 발전하며 꾸준한 인기를 누리고 있다. 지금도 공기놀이는 아이들이 학교에서 즐겨할 만큼 대중적인 놀이이고, 심지어 일본에는 이를 심도 있게 연구하는 공기놀이협회가 있다고 하니 오랜 역사만큼 오랜 재미가 깃든 게임이 분명해 보인다. 각국의 공기놀이는 그 모양과 방식에서 크고 작은 차이를 보이는데, 그중에서도 미국식 공기놀이 잭스는 우리의 공기와 모양이 사뭇 다르다.

잭스는 뾰족한 모양의 공깃돌을 사용한다. 여기서 잭스Jacks란 잭스톤 Jackstones의 줄임말로, 돌을 살짝 던진다는 뜻을 내포한 'Chack(=toss) Stone'에서 파생되었다. 또한 작은 뼈를 사용한다는 의미로 '너클본즈 Knuckle Bones'라고 부르기도 한다.

둥글둥글한 우리의 공깃돌과 상반된 모습을 한 뾰족한 잭스는 놀이 내내 긴장감이 넘치면서도 오히려 경기하기에 수월한 면이 있어 아이들이 더 매력을 느끼기도 한다. 잭스는 뾰족한 모양의 공깃돌인 잭스 10개와 1개의 고무공을 사용한다. 게임 방식은 먼저 바닥에 10개의 잭스를 흩어지게 뿌린 후 고무공을 공중에 던져 그사이 잭스 1개를 한 손으로 잡은 다음 바닥에 한 번 튕긴 고무공을 마저 잡으면 성공이다. 하나씩 잭스를 잡는 데 성공했다면 두 번째 라운드에서는 같은 방식으로 2개씩 잡으면 되고, 3개씩, 4개씩 점차 늘려 최종 10개까지 이 방식을 반복한다. 고무공을 놓치거나 잭스를 잡지 못하는 등 실패하면 다음 사람에게 기회가 넘어간다.

손을 사용하는 운동이 두뇌 발달에 좋다는 건 익히 알려진 사실이다. 정교한 손동작과 공을 튕기며 몸 전체를 움직여 즐기는 잭스는 그런 의미에서 오래 앉아있는 아이들에게 활동적 재미를 줄 뿐만 아니라 두뇌 발달에 도움이 되는 일석이조 게임이라고 할 수 있다.

모난 돌도 예쁘다

생김새가 특이해서 호기심에 구매하게 된 잭스. 막상 도착한 잭스를 처음 접했을 때 떠오른 감정은 난감함 그 자체였다. 동그란 모양의 공깃돌에 익숙한 내게 동물 뼈를 본뜬 뾰족한 잭스는 잡을 때마다 어쩔 수 없이 움찔거리게 하는 모난 녀석이었기 때문이다. 반면 우리나라의 공기와 달리 던진 공이 바닥에 튀어 오르고 난 뒤 다시 잡을 때까지 비교적 시간적 여유가 있어 뾰족한 잭스를 살포시 잡는 기술을 터득할 시간도 넉넉히 주어진다는 점은 잭스만의 장점이다. 순발력이 부족한 아이에게 우리나라 전통놀이인 공기보다 잭스를 먼저 해보라고 추천하는 이유도 여기에 있다.

잭스를 하면서 놀다가 문득 생각난 속담이 있는데, 바로 '모난 돌이 정 맞는다'였다. 공깃돌을 말하자고 생겨난 속담은 아니겠지만, 어쩜 그렇게 우리나라는 공깃돌마저도 둥글게 살고 있느냐는 생각이 스쳐서다. 최초엔 동물 뼛조각을 사용했다는 일본도 현재는 그 뾰족함이 사라지고 폭신한 형태의 공깃돌로 바뀌었다고 하는 걸 보면 뾰족한 모습을 지금까지 유지하면서도 정 맞지 않은 잭스가 신통방통할 따름이다.

모난 부분을 굳이 깎아내지 않고 그 자체로 즐기며 지금까지 이어 내려온 잭스는 타고난 생김새가 어떻더라도 다 존재 자체로 괜찮다는 지혜가 담겨 있는 것만 같아 볼 때마다 어여쁘기만 하다. 둥글게 살아가는 태도는 미덕이라 할 수 있겠지만, 타고난 모양이 둥글거나 네모이거나 모났다고 해서 나무랄 이유는 어디에도 없으니까 말이다.

공기놀이는 작은 돌만이 아니라 동물의 작은 뼈,
딱딱한 씨앗 등을 사용해 기원전부터 행해졌으며,
오늘날까지도 다양한 방식으로 변형되고, 발전하며 꾸준한 인기를 누리고 있다.

나라마다 다른 모양의 공깃돌과 게임 방식을 엿보다 보면 무엇이 더 우월한 게 아니라 그저 동등하게 오랜 세월 사랑받아온 게임들임을 인정하게 된다. 제아무리 뾰족한 잭스도 있는 그대로 사랑받는 공기놀이가 확실하니까 말이다. 공기놀이도 이러할진대 세상에 태어난 사람은 누구나 또 그 어떤 것도 있는 그대로 존중받고 살아갈 가치가 있는 게 분명할 것이다.

Tips for Honey

그리스, 일본, 몽골, 태국, 필리핀, 네팔, 이스라엘, 브라질, 미국 등 각국에서 공기놀이를 찾아볼 수 있다. 역사가 가늠되지 않을 정도로 오래된 놀이일수록 유래를 정확히 알기는 힘들지만, 공기놀이가 전 세계에서 행해졌단 증거는 시공간을 뛰어넘어 발견되고 있으니 몇 가지라도 도전해보자.
공깃돌을 5개에 맞추지 않고 10개를 사용한다거나, 저글링 형식으로 해보는 것도 신선한 재미로 다가올 것이다.

라비린스
LABYRINTH

 1명

 약 5분

 7세 이상

인생의 미로에서 탈출하는 법

라비린스의 히스토리

크레타섬의 크노소스 궁전은 그리스 신화 속 장소로 유명하다. 미노스 왕의 아내 파시파에가 수컷 소와 사랑에 빠져 둘 사이에 반인반수 미노타우로스가 태어난 곳으로 전해지기 때문이다. 화가 난 미노스 왕은 이 아이를 감금하기 위해 '라비린토스Labyrinthos'라는 건물을 만들었는데, 이 건물에 한 번 들어가면 빠져나오는 문을 찾을 수 없다고 하여 훗날 라비린토스는 미궁을 의미하게 되었다고 한다. 라비린토스는 미로를 뜻하는 영어 '라비린스Labyrinth'의 어원이기도 하다.

라비린스는 미로 형태의 보드게임인데, 나무로 만들어졌으나 조작이 매우 유연한 것이 특징이다. 섬세한 손동작으로 상자 옆 버튼을 조작해 쇠구슬을 도착지까지 안전하게 이동시키는 것이 목표다. 사이사이에 쇠구슬이 빠지는 구멍들이 있어 과감한 조작은 피하는 게 좋으며 꺾이는 구간마다 구슬의 움직임이 급속도로 빨라질 수 있어 순발력이 요구된다.

아리아드네의 실처럼

사방의 기울기를 이용한 힘 조절이 관건인 라비린스는 해외여행 중 무료함을 달래기 위해 가져간 태블릿 PC에서 먼저 접했던 게임이다. 손끝을 타고 태블릿의 미세한 진동이 느껴지면서 실감나게 구슬 굴러가는 효과음이 들려 진짜 같다며 감탄했는데, 실물 게임을 접하고 보니 그것은 가짜에 지나지 않았음을 알게 되었다.

태블릿 PC로 게임을 즐길 때는 구슬이 구멍에 빠져 실패해도 별로 낙담하지는 않는다. 게임은 1초 만에 리셋되며 무한정 기회를 주어 무념무상의 마음으로 반복해서 모니터를 터치만 하면 되기 때문이다. 그러나 실물로 하는 게임은 판이하다. 나무로 만든 미로 판에서 쇠구슬이 구멍에 빠지면 배출구로 굴러 나올 때까지 2초 이상의 시간이 소요되고 직접 손으로 시작점에 복귀시켜 호흡을 가다듬는 데까지 3초 이상이 걸려 조작이 번거롭게 느껴진다. 그게 싫어서라도 경건한 자세로 구슬이 미로를 빠져나오는 데에 대단히 집중하게 된다.

라비린스에는 특별히 전략이라고 말할 게 없다. 굳이 있다면 꼭 빠져나오겠다는 의지를 동반한 반복적인 연습일 것이다. 미세한 힘 조절과 각 구간에서의 적당한 기울기, 특별히 주의해야 할 구간 등을 익혀서 될 때까지 집중해 연습하는 길밖엔 없다. 우리가 실제로 미로나 막다른 골목길에서 길을 잃었을 때 시행착오를 반복하지만 언젠간 출구를 찾아내는 것처럼.

라비린스는 미로 형태의 보드게임인데,
나무로 만들어졌으나 조작이 매우 유연한 것이 특징이다.

지지 않는 마음

우리 집에서 이런 통찰과 지혜를 가장 먼저 찾아낸 건 첫째였다. 도무지 포기를 모르는 첫째 아들은 엄마의 실패에 더 용기를 얻었는지 이틀을 꼬박 라비린스에 매달렸다. 결국 아이는 구슬을 결승점으로 보내는 데 성공했고, 한 번 감각을 익힌 후로는 하는 족족 미로를 어렵지 않게 빠져나왔다. 마치 라비린토스에서 유일하게 빠져나왔던 아테네의 왕자 테세우스처럼 말이다.

그리스 신화에 따르면, 테세우스는 미노스 왕에 의해 미로 속 미노타우로스에게 제물로 바쳐질 위기에 처하지만, 포기하지 않고 미노타우로스와 맞서 싸우기로 마음먹고 크레타섬에 도착한다. 운명의 장난일까? 미노스 왕의 딸 아리아드네는 테세우스를 보고 반하게 되고 그를 위해 빨간 실타래 하나를 준비한다. 그녀가 내민 실타래는 복잡한 미로를 빠져나오지 못해 영원히 갇혀버릴 테세우스를 구해줄 유일한 실마리였다. 덕분에 테세우스는 실 끝을 잡고 미노타우로스를 물리친 후 미로를 빠져나오게 된다.

어쩌면 우리가 살면서 만나게 되는 인생의 미로에서도 빠져나올 특별한 전략은 없을지도 모른다. 빠져나오겠다는 의지를 갖고 포기 대신 반복해서 마음을 다잡으며 연습하지 않는 한 말이다. 라비린스를 하는 아들을 보며 깨달은 사실이 하나 있다면 미로를 빠져나오긴 힘들어도 어쨌거나 출구는 있다는 것이었다. 또한 출구가 있다면 포기하지 않는 한 빠져나올 기회는 누구에게나 열려있다는 사실도. 자포자기하지 않는 용기만이 아리아드네의 실처럼 우리를 꽉 막힌 것처럼 보이는 미로에서 벗어나도록 도울 것이다.

Tips for Honey

이 책에서 소개한 라비린스는 2017년 햄리스라는 장난감 가게에서 제작된 것으로 알려졌다. 햄리스는 1760년 영국의 윌리엄 햄리가 만든 회사로, 영국과 인도, 아랍에미리트, 중국, 러시아 등 20여개 국 이상 170개 지점이 있는 세계적인 장난감 회사다.
앞서 소개한 루미큐브 챔피언십 중 1997년 런던 토너먼트는 햄리스에서 열리기도 했다.
우리 가족이 이 브랜드에서 산 목재 보드게임 두 종류가 라비린스와 스네이크 앤 래더스인데, 둘 다 견고하게 제작되어 구매할 만하다.
미로 게임 중에서 공간지각능력을 키우는 보드게임을 구매하고 싶다면 메이즈나 어메이즈 등을, 기억력을 활용하는 보드게임으로는 마법의 미로를 추천한다.

4장

공간지각능력
Space Perception

블로커스

스퀘어 바이 스퀘어

커넥트 포

가블리트

마법의 미로

팁오버

시퀀스

블로커스
BLOKUS

 2~4명

 약 20분

 7세 이상

 멘사 선정(2003년)

아는 만큼 이긴다

블로커스의 히스토리

블로커스는 2000년 프랑스의 수학자인 베르나르드 타비티앙이 개발한 보드게임이다. 타비티앙은 공간 개념을 사랑한 수학자로 보드게임 개발에도 공간지각능력을 적용한 인물이다. 그는 여행을 할 때도 새로운 공간을 분석하고 자신만의 기준에 따라 공간의 특성을 분류하는 것을 즐겼다고 알려졌는데, 이런 그의 기질이 더 많은 공간을 확보해야 이기는 보드게임 블로커스를 탄생시켰다.

처음 발매됐을 당시에는 냉소적인 반응도 있었으나, 서서히 그 열기가 타오르더니 현재는 거대 상금이 걸린 블로커스 월드 투어Blokus World Tour와 더 월드 블록The World Block 등의 대회가 열릴 정도로 세계적인 베스트셀러로 자리매김했다. 멘사 셀렉트에 이어 2004년엔 미국 전역의 선생님들이 심사하는 Teacher's Choice Award에서도 수상해 교육적으로도 그 우수성을 입증받았다.

수학자의 관점이 녹아든 블로커스는 테트리스 조각처럼 생긴 블록을

보드에 배치해 영토를 넓혀가는 게임이다. 이때 사용하는 조각을 '폴리오미노Polyomino'라고 부르는데 폴리오미노란 일정한 크기의 정사각형 여러 개로 만들어지는 다양한 모양의 도형을 일컫는다. 이어 붙인 정사각형의 개수에 따라 1개는 모노미노, 2개는 도미노, 3개는 트리오미노, 4개는 테트로미노, 5개는 펜토미노라고 부르며, 여기서 '미노mino'는 고대 그리스어로 조각이나 덩어리를 의미한다.

빨강, 노랑, 파랑, 초록 네 종류의 폴리오미노를 보드의 네 귀퉁이에 각각 내려놓으며 시작하는데 같은 색의 도형끼리는 하나의 꼭짓점이 만나도록 내려놓아야 하고 다른 색의 도형끼리라면 변이 맞닿아도 무방하다. 이 규칙을 통해 점, 선, 면의 개념과 꼭짓점, 변, 도형의 용어를 익힐 수 있어 수학용 교구로 쓰이기도 한다. 더 이상 내려놓을 자리가 없을 때 게임은 종료되며 가장 많은 폴리오미노를 사용한 플레이어가 승리한다. 따라서 면적이 넓고 모양이 비교적 까다로운 테트로미나나 펜토미노부터 내려놓아 소진하는 게 주요 전략이다. 작고 단순한 모양의 폴리오미노는 후반부에 가서도 놓을 자리를 찾는 게 비교적 수월하기 때문이다. 또한 상대방에게 영역이 과하게 침범당하지 않도록 항상 유의해야 한다.

블로커스는 게임 전반에 걸쳐 점, 선, 면, 도형, 크기, 위치 등을 고려해야 한단 점에서 '공간지각능력'을 개발하는 데 도움이 되는 보드게임으로 꼽힌다. 또한 공간의 수리적 특성을 연구하는 기하학과도 밀접한 관계가 있어 기하학을 미리 맛보는 교구로 활용되기도 한다. 우리나라

교과 과정에는 초등학교 4학년 때 평면 도형의 이동을 시작으로 고학년에서 다각형과 입체 도형의 개념을 배우고, 중고등학교 수학에서 삼각비, 원의 방정식, 평면 좌표, 평면 벡터 등 기하학과 관련 있는 내용이 속속 등장한다. 도형과 기하학을 만나면 당황하는 학생들이 많은데, 블로커스는 아이들이 그것들에 거부감을 느끼지 않도록 해주는 예방 주사 같은 게임이다.

아는 만큼 보인다

블로커스는 경기가 진행될수록 빨강, 노랑, 파랑, 초록의 다양한 폴리오미노가 보드 위에서 뒤섞여 복잡해 보이는 방식에도 불구하고 가르쳤던 학생들과 우리 집 아이들에게 곧바로 인기를 독차지했던 게임이다. 아이들이 블로커스를 좋아한 이유는 간단하다. 규칙이 매우 쉽고 간단할뿐더러 판형 자체가 아이들에게 익숙하기 때문이다. 다시 말해 아는 만큼 보이고 익숙한 만큼 잘하게 되어 실제로 해볼 만하다는 자신감이 생기는 것이다.

아이들이 블로커스를 익숙한 것으로 여기는 데는 몇 가지 이유가 있다.

우선 블로커스에 등장하는 폴리오미노가 아이들에게 눈에 익은 조각 형태라는 점이다. 블록이나 퍼즐 놀이처럼 장난감 같기도 하고, 자신들이 즐겨하던 테트리스나 마인크래프트 등의 게임 같기도 한 것이다.

게다가 3차원의 입체 도형이 아닌 2차원의 평면 도형을 이용해 겨룬다는 점도 그러하다. 입체 도형은 고학년이 된 이후에나 배우는 개념이라 어릴수록 이해하기 어려울 수밖에 없는데, 다행스럽게도 평면 도형이 나오니 안도감이 들 것이다.

마지막으로, 영토를 차지하는 게임인데도 불구하고 영역을 빼앗는 규칙이 없어 상시 돌파구가 있다는 사실이다. 보통의 영역 차지 게임들은 땅따먹기에서처럼 엎치락뒤치락 영역을 뺏고 빼앗기는 게 일반적이지만, 블로커스는 자투리 공간에 침투할 여지가 얼마든지 있어 손실에 대비하지 않아도 되어 아이들에게 비교적 부담이 적다.

점, 선, 면에 대한 개념을 익힌 아이들이라면 큰 면적의 폴리오미노부터 사용하고 중앙을 향해 장악한다는 기본 규칙에만 충실하면 되니까 어른과 대등한 경기를 펼칠 수 있고, 시간이 갈수록 이기는 날도 많아지니 블로커스에 열광할 수밖에 없다는 결론이 나온다.

이처럼 사람은 본능적으로 익숙한 것에 끌린다. 그 안에서 안정감을 느껴 그것이 승부에서는 승리의 발판이 되어주기도 하는데, 이런 점에서 아이들이 놓쳐서는 안 되는 규칙이 하나 있다. 바로 아무리 익숙하지 않은 전략이더라도 상대의 전술을 무작정 따라서 해서는 안 된다는 것이다. 초보자들의 흔한 실수 중 하나가 상대가 두는 방식을 똑같이 따라 두는 일이 경기를 대등하게 만든다고 착각하는 것인데, 그렇게 되면 항상 한 수 뒤처질 수밖에 없다. 상대가 두는 걸 본 뒤 따라 두는 것이라 역전극을 펼치기 힘들고 결국 한 수 차이로 패하게 된다. 이기고 싶다면 처음엔 모방하더라도 나중엔 그것을 뛰어넘는 자기만의 고유한 전략과 전술을 만들어 익숙해질 때까지 익혀야 한다. 블로커스뿐 아니라

블로커스는 멘사 셀렉트에 이어 2004년엔
미국 전역의 선생님들이 심사하는 Teacher's Choice Award에서도 수상해
교육적으로도 그 우수성을 입증받았다.

언제 어디서나 진정한 '내 것'이야말로 제대로 된 힘을 발휘하니까 말이다. 블로커스에서 그런 힘을 키우고 발휘해 우리 어른들의 잘못과 실책을 막아내는 아이들이야말로 진정한 챔피언일 것이다.

Tips for Honey

블로커스처럼 폴리오미노를 사용하는 또 다른 보드게임으로 '우봉고'가 있다. 우봉고 Ubongo는 '두뇌'를 의미하는 스와힐리어인데, 칠교놀이처럼 폴리오미노를 활용하여 정해진 도형을 만드는 방식이라 폴리오미노의 구성과 조합을 간단히 익히기에 적합하다. 아이가 블로커스를 어려워한다면 우봉고를 먼저 경험하게 하는 것도 방법이다.

스퀘어 바이
스퀘어
SQUARE BY SQUARE

 1명 이상

 약 5분

 7세 이상

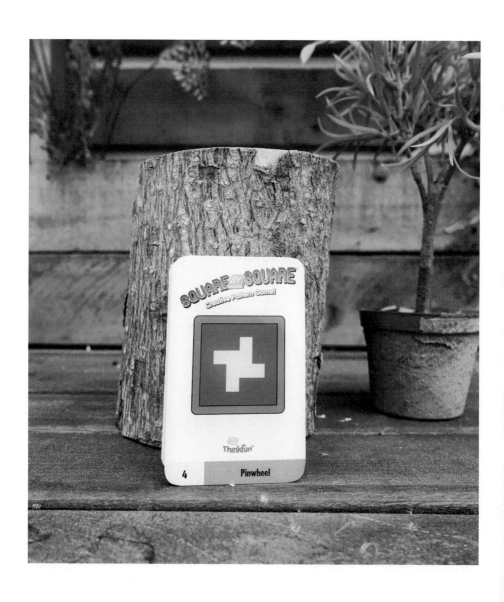

퍼즐이 찾아준 이상형

스퀘어 바이 스퀘어의 히스토리

대부분의 퍼즐은 1인용으로 만들어져 집중력, 창의력, 논리력, 추리력 등을 키우기에 좋은 데다 소근육을 발달시켜 두뇌를 자극한다고 알려졌다. 퍼즐용 게임에는 그 종류만도 다양해 미로 퍼즐, 슬라이딩 퍼즐, 직소 퍼즐, 3D 퍼즐, 낱말 퍼즐 등이 있는데, 하나같이 흩어진 조각을 맞춰 완성하는 게 목표인 게임들이다. 그중에서도 조각 퍼즐의 원조 격이라 불리는 칠교놀이는 중국의 당나라 때부터 즐겼던 오랜 전통을 가진 퍼즐이다. 영어로 칠교놀이를 뜻하는 탱그램Tangram에 당나라의 'Tang'이 들어가 있는 이유이기도 하다. 칠교놀이는 19세기 무역을 통해 유럽과 전 세계로 전파되어 대인기를 끌었으며, 이를 즐긴 유명인으로는 나폴레옹, 소설가 애드거 앨런 포, 퍼즐 디자이너인 샘 로이드 등이 있다고 전해진다.

칠교놀이의 효과를 증명이라도 하듯 이를 기반으로 한 퍼즐들이 줄기차게 개발되고 있는데, 그중 오늘날 유치원, 초등학교 등에서 창의력 발달 교구로도 널리 활용되는 퍼즐이 스퀘어 바이 스퀘어다.

좌뇌형 아이 vs 우뇌형 아이

스퀘어 바이 스퀘어는 총 14개의 폴리오미노(연두색 6개, 파란색 8개)로 구성되어 있다. 칠교놀이와 달리 틀 안에서 하나의 패턴과 그것을 둘러싼 바탕까지 완성해야 한다는 점에서 다소 까다롭게 느껴질 수 있다. 60장의 도전 카드에 그려진 패턴을 정해진 프레임 안에서 정확하게 만들면 성공이다. 직사각형, 정사각형 말고도 다소 복잡한 모양까지 있어 초반에 배치가 제대로 이루어지지 않으면 마지막 한두 조각이 남아 퍼즐을 완성하지 못하게 된다. 조각의 자리 배치를 예측하며 특히 까다로운 모양의 조각을 안배하는 능력이 필요하다.

스퀘어 바이 스퀘어에서 패턴을 완성하기 위해서는 색깔별로 다른 조각의 쓰임을 알아야 한다. 연두색 조각은 패턴을 만들 때 쓰고 파란색 조각은 배경을 채울 때 쓴다. 순서는 패턴을 먼저 완성한 뒤 배경을 채우는 순이다.

스퀘어 바이 스퀘어 같은 퍼즐의 장점은 우리의 좌뇌와 우뇌를 고루 자극해준다는 데 있다. 좌뇌는 조각이 들어갈 위치를 파악하는 논리적 사고와 공간 감각을 담당하고, 우뇌는 패턴과 색감을 이해하고 상상력과 호기심을 발휘하는 일을 담당한다. 아이가 퍼즐을 두는 모습만 봐도 좌뇌가 더 발달했는지 우뇌가 더 발달했는지 보이는 경우도 많아 아이의 적성을 찾아주는 데 도움이 된다.

꿈에 그리던 이상형, 드림보트

스퀘어 바이 스퀘어를 하면서 가장 주의할 점은 널따란 정사각형 퍼즐 조각과 지그재그 조각의 위치를 상시 염두에 두고 퍼즐을 채워나가야 한다는 것이다. 조각이 작고 모양이 단순할수록 자리 찾기가 수월한 법인데, 그렇다고 이것을 먼저 끼워 넣으면 앞서 언급한 대로 꼭 마지막에 한두 조각이 들어맞질 않아 실패로 돌아가기 때문이다.

재미있는 건 이렇게 한두 조각 때문에 실패할 때 나오는 아이들의 반응이다. 처음부터 다시 시작하는 아이, 일부만 다시 시도하는 아이, 답답하다며 조각을 자르는 시늉을 하는 아이까지 제각각 위기의 순간 본색이 드러나는 듯하다. 그중 제일 기억에 남는 건 6학년 남학생이 보여 준 반응이었는데, 이리저리 돌려봐도 지그재그 조각이 들어갈 자리가 마땅치 않자 시치미를 뚝 떼며 나머지 조각들을 슬쩍슬쩍 움직여 지그재그 조각을 끼워버린 것이다. 그렇게라도 완성해야 직성이 풀린다는 듯 말이다.

그 학생의 모습에서 나는 뜻밖에 인간관계의 해답을 찾았다. 인간관계에서도 꼭 마지막 한두 조각이 말썽이지 않던가. 끝끝내 나와 맞지 않던 한두 조각을 무슨 수로 풀어야 하나 싶었는데, 그 아이를 통해 깨달았다. 나도 함께 움직이면 퍼즐이 완성된다고 말이다.

스퀘어 바이 스퀘어에서 패턴을 만드는 데 쓰이는 연두색 조각은 드림보트Dreamboat를 꿈꾸는 존재다. 드림보트란 내가 바라는 모든 조건을 완벽하게 갖춘 꿈에 그리던 이상형을 뜻하는 말이다. 현실에 있을 리 만

아이가 퍼즐을 두는 모습만 봐도
좌뇌가 더 발달했는지 우뇌가 더 발달했는지 보이는 경우도 많아
아이의 적성을 찾아주는 데 도움이 된다.

무해 꿈에서나 만나야 할 드림보트를 연두색 조각은 퍼즐을 맞추는 내 내 꿈꾸고 있다. 요지부동의 자세로 버티고 앉아 파란색 조각에게 잘 좀 움직여 보라고 재촉하면서. 그럴 시간에 마음을 바꿔 자신이 움직여 주면 좋을 텐데 말이다. 게임에서는 규칙상 그리할 수 없지만, 현실 속의 연두색 조각들인 우리에게는 사실 그런 규칙이 없지 않은가. 남이 움직 여주길 바라지 않고 내가 먼저 움직이면 인간관계의 퍼즐도 그리 어렵 지 않게 완성된다. 그때 내 옆에서 나와 함께 움직이고 있는 사람은 꿈 에 그리던 이상형일 테고 말이다.

세상에 그 누구도 손해 보거나 희생만 하며 살길 원하는 사람은 없 을 것이다. 서로 보완하며 함께 맞춰갈 방법을 찾아 같이 움직인다면 마 침내 서로의 드림보트가 되어 인생이란 항해를 멋지게 떠날 수 있을 것 이다.

Tips for Honey

인터넷에는 칠교판으로 만들 수 있는 수천 개의 패턴이 있다. 이를 찾아보고 아이들과 같 이 도전해보기를 권한다. 곰, 기린, 고래, 낙타, 범선, 잠수함 등 동물에서 사물까지 칠교 판으로 만들지 못할 것이 없다.
스퀘어 바이 스퀘어로도 칠교처럼 배경 없이 자유롭게 패턴을 만드는 데만 집중하도록 유도해도 좋다.

커넥트 포
CONNECT FOUR

 2명

 약 10분

 6세 이상

연결과 상생

커넥트 포의 히스토리

1974년 밀튼 브래들리 사에서 발매한 커넥트 포는 일종의 세워서 하는 보드게임으로, 4 in a Row, 4 Up, Find 4, Drop 4 등 여러 가지 이름으로 불린다. 미국에서 손꼽히는 인기 보드게임인 만큼 다양한 재질과 디자인으로 제작되고 있는데 특히 야외에서 즐길 수 있는 초대형 크기의 커넥트 포는 모두가 탐낼 만한 품목이다. 커넥트 포는 영화나 드라마에서 가족의 화목한 풍경을 그려내는 장면에서도 자주 등장하는 만큼 가족용 보드게임의 대명사라고 할 수 있다.

커넥트 포는 수직으로 세운 7×6의 틀에서 경기한다. 두툼한 동전 모양의 체커를 사용하는데, 마치 저금통에 동전을 넣듯이 틀의 맨 위에서 체커를 떨어트리는 방식이다. 빨강 또는 검정 체커로 가로, 세로, 대각선 어느 방향으로든 4개가 한 줄로 이어지게 먼저 만드는 사람이 승리한다. 틀에는 체커보다 작은 크기의 구멍이 뚫려있어 마주 앉은 참가자 모두 쌓이는 체커의 색과 위치를 볼 수 있다.

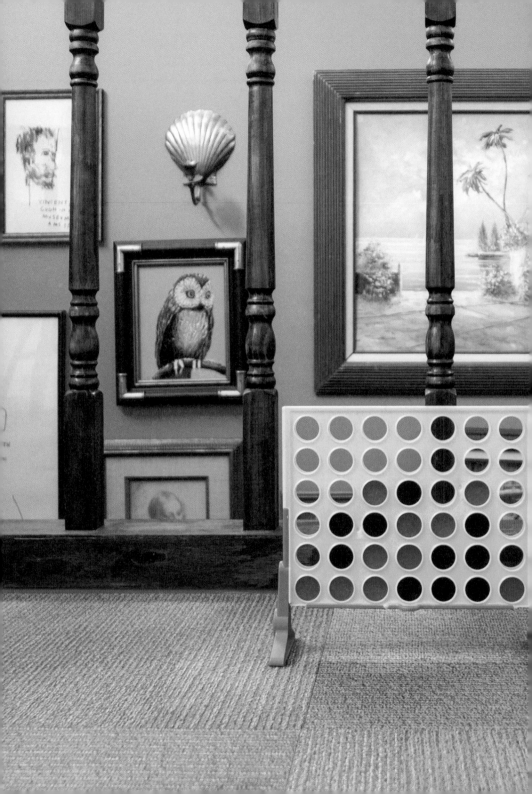

커넥트 포는 큰 인기와 더불어 기보를 연구하는 활동도 활발히 진행 중이다. 기보란 체스나 장기, 바둑 같은 추상 전략 게임들의 경기 내용을 적은 기록을 말한다. 가장 기보가 많은 바둑에 비할 바는 아니지만, 간단해 보이는 커넥트 포도 계산상 약 4조 5천억 개의 기보가 만들어진다고 한다. 이를 분석한 제임스 도우 앨런은 판의 정중앙에 첫수를 두는 것이 압도적으로 유리하다고 주장했다. 실력 차이가 너무 클 땐 통하지 않을 수도 있지만, 그의 주장처럼 첫수를 정중앙에 놓는 건 높은 확률로 황금 전략이 되어줄 것이다.

서로가 서로를 받쳐주는 인생

나는 다섯 살 때 엄마로부터 배웠던 오목이 나의 이과적 상상력을 발달시켰다고 믿어 의심치 않는다. 숫자 5까지를 배우고 난 뒤 5개의 돌들을 일렬로 나열하는 행위는 어린 나에겐 엄청난 성취감이었다. 들키지 않았다고 안심하며 3개를 이어 붙일 때마다 번번이 엄마의 흑돌로 갈 길이 막혔지만, 한 번이라도 성공하겠다고 이리저리 갈래를 이어 붙여 바둑판을 제법 채웠을 땐 큰일을 해냈다는 자신감이 생겼다. 덕분에 이 무렵부터 나는 문제를 해결하거나 정답을 맞히는 일에 적극적인 성향으로 바뀌었다. 이런 성향이 훗날 국어를 좋아하면서도 이과를 선택하도록 도왔을 거라 짐작해본다. 그런 이유로 아이들에게 가장 먼저 경험하게 해보고 싶은 게임이 오목이었고, 우리 집 아이들에겐 커넥트 포가

첫 오목이 되어주었다.

커넥트 포에는 내가 오목에서 배웠던 개척자 정신 말고도 멋진 교훈을 하나 더 배울 수 있다. 바로 서로서로 받쳐주며 이루어내는 상생의 힘이다. 커넥트 포는 세워진 틀에 체커를 떨어트려 넣는 방식이라 체커 위에 체커가 쌓일 수밖에 없다. 경기가 진행될수록 검정 체커, 빨간 체커가 뒤엉키게 되는데 체커를 다시 빼낼 수는 없는 노릇이라 불리한 상황이더라도 상대의 체커 위에 나의 체커를 떨어뜨려야 하는 때가 허다하다. 반대로 상대의 체커 위에 내 체커를 떨어뜨려 4개 한 줄을 완성할

커넥트 포는 계산상 약 4조 5천억 개의 기보가 만들어진다고 한다.
이를 분석한 제임스 도우 엘런은 판의 정중앙에 첫수를 두는 것이
압도적으로 유리하다고 주장했다.

때도 있다. 누가 이길지 모르는 상황이라 원치 않더라도 서로를 뒷받침하며 진행하게 되는 것이다. 이게 상생이 아니라면 무엇이란 말인가.

인간은 결코 혼자서는 살아갈 수 없고, 원치 않아도 커넥트 포의 체커들처럼 뒤섞여 살아가는 존재들이다. 정신없이 뒤엉켜 눈치채지 못했을 뿐 우리는 알게 모르게 서로를 받쳐주면서 살아가고 있다. 당신이 있어서 내가 있고, 내가 있어 누군가가 존재할 수 있듯이. 서로의 삶이 이어지는 한 인생은 도움의 연속이다. 서로 얼마나 주고받았는지 도움의 정도를 정확히 잴 수는 없지만, 함께 살아가고 있다는 것만으로 상생하는 것이다. 그렇다면 좀 더 잘 도우며 살아봐도 좋을 것이다. 무조건 양보하거나 희생하며 살라는 말은 아니다. 다만 약간이나마 더 진심을 담는다면 서로의 소중함을 눈치챌 수 있지 않겠는가.

상생! 서로 돕고 살아가는 것이야말로 인생에서도 커넥트 포에서도 우리가 잊지 말아야 할 가장 대등한 방식의 도움이자 가치일 것이다.

Tips for Honey

3목인 틱택토, 4목에 해당하는 커넥트 포, 파워업, 티코, 스코어 포, 가블리트를 정복했다면 오목으로 확장해 나가보자. 추상 전략 게임의 명가인 기가믹에서 출시한 퀵소는 5×5 보드에 큐브를 하나씩 밀어서 5개를 이어붙이는 게임으로 4명이 할 수 있어 가족 보드게임으로 적합하다. 그 밖의 오목 게임으로 렌주, 따목, 테이크 5 등이 있다.
오목은 생애 최초의 보드게임으로 제격이다. 규칙이 간단해 유아기부터 시작할 수 있고, 오목에서 배우는 전략은 다른 보드게임을 위한 기본기가 되기 때문이다.

가블리트
G O B B L E T

 2명

 약 20분

 7세 이상

자충수를 피하는 법

가블리트의 히스토리

2001년 블루 오렌지 사에서 출시한 가블리트는 4목 형식의 게임이다. 다만 바둑알이나 칩(체커) 역할을 하는 가블리트가 마치 마트료시카 인형처럼 여러 개의 작은 가블리트를 품을 수 있다는 점이 결정적 차이이자 이 게임의 묘미다. 가블리트는 정확한 어원이 알려진 바는 없으나 영어 gobble에 '먹어 치우다'라는 의미가 있는 만큼 큰 가블리트가 작은 가블리트를 잡아먹는 것을 표현한 'Gobble it'에서 유래한 이름으로 추측된다.

게임은 4×4 보드 위에서 시작되며 가로, 세로, 대각선 상관없이 가블리트 4개를 한 줄로 세우면 이기게 된다. 간단한 규칙이지만 하나의 가블리트 안에 점점 작아지는 크기의 가블리트가 3개가 들어 있어 허를 찔릴 때가 많은 게임이다. 가블리트는 한 사람당 4개가 한 묶음인 마트료시카 인형 3세트(총 12개)를 가지고 4목을 두는 거라 생각하면 이해하기가 쉬울 것이다. 큰 가블리트가 작은 가블리트를 덮어 잡아먹음으로써 방어하거나 공격할 수 있는데, 이때 상대와 나, 누구의 가블리트를

잡아먹어도 무방하다. 필요할 땐 이미 보드 위에 놓인 가블리트를 사용해 원하는 위치로 옮길 수도 있다.

　오목에 비해 3목이나 4목은 평면에서 경기할 때 경우의 수가 많지 않게 나온다. 특히, 3목을 바둑판에서 둔다면 세 번 만에 경기는 끝나고 말 것이다. 처음 두는 사람이 절대적으로 유리하기 때문이다. 가블리트는 이러한 적은 경우의 수를 보완하기 위해 4목을 입체적이고 비밀스럽게 만들었다. 큰 가블리트가 작은 가블리트를 잡아먹는 설정으로 경우의 수를 늘려 플레이어가 한시도 보드 위에서 눈을 뗄 수 없게 된 것이다.

　게임이 어느 정도 진행되면 기억력의 한계로 인해 어느 가블리트 안에 무엇이 들었는지가 도저히 생각나질 않아 투시 능력이 생겼으면 하는 엉뚱한 바람이 생기기도 한다. 같은 심정일 아이들도 보드 위에 있는 가블리트를 들어 올릴 때면 긴장감이 손끝을 타고 팔꿈치까지 전해져 파르르 떨리는 게 보일 정도다. 이토록 신중한 선택에도 불구하고 상대방의 가블리트가 나오면 허탈감과 함께 왠지 모를 배신감마저 든다. 그 배신감을 맛보지 않기 위해서라도 집중하여 가블리트 안을 기억해야 한다.

무르기와 우기기, 낙장불입

생일 선물로 아이에게 마트료시카 인형을 선물한 적이 있다. 남자아이들이라 관심을 보이지 않으면 어쩌나 내심 걱정했는데 큰 인형 안에 작

가블리트는 영어 gobble에 '먹어 치우다'라는 의미가 있는 만큼
큰 가블리트가 작은 가블리트를 잡아먹는 것을 표현한 'Gobble it'에서 유래한 이름으로 추측된다.

은 인형이 들어 있고, 또 그 안에서 자꾸만 나타나는 인형들이 10개나 되자 마트료시카는 순식간에 아이들의 눈길을 사로잡았고 오랫동안 사랑받는 소장품이 되었다. 그 덕분인지 아이들은 마트료시카를 닮은 가블리트의 규칙도 수월하게 익혀나갔다. 보드 위의 가블리트를 재사용할 수 있다는 규칙과 덮어씌우기가 가능하다는 규칙을 다소 어려워하기도 했지만 두세 번만에 적응했다. 정작 한동안 혼란스러워한 규칙은 보드 위의 가블리트에 손을 댔다면 반드시 그 가블리트를 사용해야 한다는 것이었다. 낙장불입! 그 안에 상대의 가블리트가 들어 있다면 낭패이므로 누구의 것이 들어 있는지 혹은 비어 있는지를 정확히 기억해내야 하는데, 모든 가블리트 안에 무엇이 들어 있는지를 기억하기란 불가능에 가깝기 때문이다. 운이 좋아 아무것도 들어 있지 않을 땐 평화가 찾아오지만, 그 안에서 상대방의 가블리트가 빼꼼히 고개를 내밀며 나타날 때면 현실을 부정하는 외침이 난무하곤 한다.

"손대지 않았어.""한 번만 봐줘.""한 번만 무르자."

어떤 것을 들어 올리느냐에 따라 결정적 자충수가 될 때가 많은 가블리트는 무르기와 우기기가 가장 빈번하게 일어나는 보드게임이 아닐까 싶다. 나 역시 그러고 싶었던 적이 있었다. 무심코 가블리트를 옮기려고 손을 가져다 대자마자 그 안에 상대의 가블리트가 들어 있단 사실이 불현듯 떠오른 것이다. 이미 손을 댔으니 들어올리긴 해야겠는데, 어쩌면 사약인 줄 알면서도 어명이라 마셔야만 하는 드라마 속 무고한 죄인이 이런 기분일까. 자존심을 버리고 무르기를 애원해볼까도 싶었지만, 결코 가벼이 취해서는 안 될 행동임을 알기에 비장한 표정으로 가블리트를 들어올려야 했다.

살아가면서 이미 내뱉은 말과 벌어진 일은 무를 수 없다는 것을 게임을 통해서 아이들에게 슬쩍 가르치고 싶었다. 게임을 할 때부터 습관적으로 무르기와 우기기를 하게 되면 인생에서도 '나 하나쯤은 사회 규범과 질서를 지키지 않아도 괜찮겠지' 하고 안일하게 생각할 수도 있기 때문이다. 사소한 것이더라도 우기고 무르는 게 허용되기 시작하면 세상은 누적된 예외와 무질서를 견디지 못해 금이 가고야 말 것이다. 둑을 무너트리는 건 범람하는 홍수만이 아니니까 말이다.

가블리트에서 봐주지 않는 냉정함이 당장은 아이에게 서운함을 남길지 몰라도 최소한 서로 간의 약속과 질서, 규칙, 법을 지키지 않고도 생떼를 쓰는 뻔뻔한 어른을 만들어내지는 않을 거란 믿음이 있다. 간절하게 사정해도 무르기가 통하지 않았던 경험이 세상을 만만하게 보지 않도록 가르쳤을 테니까 말이다.

Tips for Honey

가블리트 4개를 한 줄로 세우는 4목이 어렵게 느껴지는 경우 3×3 보드를 그려 3목부터 시작해볼 것을 추천한다. 실제로 2003년에 출시된 가블리트 주니어는 3목을 만드는 게 목표다.
원래대로라면 12개를 갖고 시작하는 가블리트를 6개로 줄여서 하는 것도 방법이다. 그마저도 아이가 어려워하면 바둑알 3목(틱택토TicTacToe)으로 기본기와 자신감을 길러주는 것이 좋다.

마법의 미로
THE MAGIC LABYRINTH

 2~4명

 약 20분

 6세 이상

벤치마킹과 반면교사

마법의 미로의 히스토리

마법의 미로는 미로에 숨겨진 유물들을 찾아내는 보드게임이다. 2009년 독일에서 발매된 첫해에 게임 업계에서 최고 권위를 자랑하는 '올해의 게임Spiel des Jahres'에 선정되었다. 단기간에 전 세계적으로 큰 인기를 얻었으며, 2011년에는 일부 규칙을 추가한 독일어 확장판도 발매되었다.

이 게임의 보드는 특이하게도 이중 구조로 되어 있다. 먼저 지하 미로 판에 24개의 나무 벽을 끼워서 비밀스러운 미로를 만든다. 지하 미로는 사용설명서의 예제에 따라 만들어도 되고 자유롭게 설계해도 되지만, 통로가 막히는 일 없이 전체가 연결되도록 지어야 한다.

지하 미로가 완성되었다면 문양이 그려진 보드로 위를 덮고 각 네 귀퉁이의 모서리 칸에 마법사(말)를 배치한다. 마법사의 바닥에는 강력한 자석이 붙어 있어 보드를 사이에 두고 아래에 쇠구슬을 붙일 수 있다. 이 상태로 주사위에 나온 수만큼 가로 세로로 움직여 유물을 찾아 나서면 된다.

게임을 시작하기 전에 주머니에 들어 있는 24개의 유물 중 하나를 뽑

고, 그 유물이 그려진 위치에 가장 먼저 도착하는 사람이 유물을 차지한다. 유물의 주인이 정해지면 주머니에서 또 다른 유물을 뽑아 새로운 목표물로 정한다. 이렇게 유물 5개를 가장 먼저 찾는 사람이 승리한다.

이 게임에서 어려운 점은 마법사가 지하 미로의 벽에 걸리는 순간 구슬이 떨어진다는 점이다. 이렇게 미로의 벽에 부딪치면 시작 지점으로 돌아가 처음부터 다시 시작해야 하기 때문에 보드 아래의 미로를 잘 기억하면서 움직여야 한다.

마법의 미로에서는 주사위의 운 말고도 유물을 뽑는 운이 필요하다. 현재 나의 위치와 한참 떨어진 곳의 유물을 찾아가다 보면 지하 미로의 벽에 막혀 번번이 실패하기 때문이다. 마찬가지로 다음 유물을 뽑을 때도 유물 간 거리가 가까울수록 유리한데 운이 나쁘면 내내 장거리 이동만 하다 실패만 맛볼 수도 있다.

이런 불운을 극복하는 전략은 오직 기억력과 공간지각능력을 최대한 발휘하는 것뿐이다. 내가 지나왔던 길을 더듬어 살핀 후 어떤 경로가 벽에 막히지 않는 길이었는지 복기하며 머릿속에 선명한 지도로 구현해내야 한다. 또한 상대의 루트도 기억해야 미로 전역을 다 돌 때를 대비할 수 있다. '저기는 막혔고, 저기는 뚫렸고, 이쪽에서 두 칸, 오른쪽 옆으로 한 칸' 이런 식으로 내 순서일 때나 상대방 순서일 때나 기억 회로를 쉴 새 없이 돌리고 또 돌려야 한다.

누구에게나 배울 것이 있다

보드게임을 좋아하는 가족이라고 소문이 난 덕에 둘째는 마법의 미로를 친구로부터 선물받았다. 포장을 뜯고 설명서를 읽을 겨를도 없이 당장 하자고 달려들 만큼 신비로운 미로의 자태는 아이들을 마법처럼 끌어당겼다. 막상 게임이 시작되자 달려들 때의 위풍당당은 온데간데없이 사라져버리고 가만가만 조심스럽게 미로 위를 움직이는 모습이 마치 수줍음 많은 어린 마법사 같았다.

이 게임에는 시작부터 아이와 부모 모두에게 흥미를 유발하는 요소가 있다. 바로 게임을 시작할 때 마법사가 되는 의식을 치러야 한다는 사실이다. 게임을 시작할 준비를 마친 후 보드가 담긴 상자 전체를 여러 바퀴 돌리며 3가지 주문을 외워야 하는데, 유치해 보여도 막상 해보면 의외로 진짜 마법사가 된 것처럼 모두가 들뜨게 된다. "미로여, 돌아라!" "벽이여 사라져라!" "길이여, 열려라!" 이렇게 외치고 나면 유물을 찾으러 갈 시간이다.

설레는 마음과는 별개로 마법의 미로는 시작부터 실패를 경험하는 게임이다. 지하 미로를 볼 수 없으니 운에 맡기고 여정을 떠나야 하는데 미로의 설계가 생각보다 복잡해 보통은 서너 칸 이동하다 구슬이 벽에 걸려 떨어지기 때문이다. 만에 하나 누군가 열 칸 정도를 전진하는 데 성공하기라도 하면 진짜 마법사가 나타났다며 환호가 터질 정도다.

이 때문에 마법의 미로에서 필요한 2가지 핵심 전략은 벤치마킹과 반면교사이다. 상대가 지나온 성공적인 루트를 나의 여정에 벤치마킹하

마법의 미로에서 필요한 2가지 핵심 전략은 벤치마킹과 반면교사이다.
상대가 지나온 성공적인 루트를 나의 여정에 벤치마킹하고,
상대가 실패한 루트를 답습하지 않도록 반면교사로 삼아야 한다.

고, 상대가 실패한 루트를 답습하지 않도록 반면교사로 삼아야 한다. 결국 이 게임의 전략은 잠시도 보드에서 눈을 떼지 않고 나와 상대의 성공과 실패 루트를 끊임없이 기억하고 복기하는 것이다.

상대의 기술과 전략도 기꺼이 배우기를 마다하지 않고 그들의 실패 원인을 분석해 같은 실수를 저지르지 않는 일은 인생을 살아갈 때도 적극적으로 써먹어야 할 전략이다. 이는 주체성을 잃고 다른 것을 베끼고 따라하는 일과는 전혀 다르다. 상대의 성공과 실패가 나에게 가르침이 되는 동시에 나의 성공과 실패도 상대에게는 배움이 될 수 있기 때문이다. 미로처럼 복잡한 세상에 스승이 많다면 배움도 많지 않겠는가! 우리는 모두 서로에게 스승인 동시에 각자 성장하는 데 필요한 유물을 찾는 마법사일 것이다.

Tips for Honey

확장판에는 한쪽 방향으로만 열리는 나무벽, 다른 플레이어를 움직이지 못하게 하는 나이트캡, 이를 해제시키는 묘약 그리고 유물을 변경해주는 마법의 지팡이가 있다. 하나씩 혹은 전부를 추가해 경기 수준을 조절할 수 있는데, 특히 게임 난이도를 높이고 싶다면 한쪽으로 열리는 나무벽을 사용해보자.
아쉽게도 확장판은 국내에 출시되지 않아 독일어 Das Magische Labyrinth(마법의 미로)와 Erweiterung(확장판)을 키워드로 직구나 구매 대행을 통해 구할 수 있다.

팁오버
TIP OVER

 1명 이상

 약 10분

 7세 이상

사람이 답이다

팁오버의 히스토리

팁오버는 3차원(3D) 공간 퍼즐게임으로, 아동용 보드게임 제작사로 유명한 씽크펀이 제작해 2004년에 출시했다. 씽크펀은 기존의 평면 퍼즐게임을 3D 퍼즐로 바꾼 선두 기업이라고 할 수 있다. 팁오버를 포함해러시아워, 브릭 바이 브릭, 스퀘어 바이 스퀘어, 그래비티 메이즈 등이모두 이 회사에서 출시됐다.

팁오버는 주인공 티퍼맨Tipper man, 도전 카드 그리고 여러 가지 색깔의블록으로 구성되어 있다. 40장의 도전 카드에 적힌 대로 상자를 배치하고 문제를 풀어 주인공 티퍼맨을 빨간 상자에 도착하게 하는 것이 목표다. 뒤로 갈수록 문제가 어려워지는데, 카드 뒷장에 해답이 적혀 있다.

게임은 색깔과 높이가 다른 작은 블록을 도전 카드의 지시에 맞게6×6 게임판에 배치하는 것으로 시작한다. 상자 꼭대기에 있는 티퍼맨이 최종 빨간 상자에 도착하게 하려면 상자를 기울여 원하는 방향으로이동시켜야 한다. 쉬운 듯 보여도 기울이는 방향과 각도가 잘못되면 아찔하게 사람이 떨어져 실패하므로 3차원 공간에 대한 이해와 예측이 많이 요구되는 게임이다. 작은 보드판 위에서 방향을 선택해 상자를 쓰러트리는 시도를 통해 시행착오의 중요성도 알게 해준다.

가끔 틀리고 넘어져도 괜찮아

팁오버는 초등학생 대상으로 영어 도서관을 운영할 때 구색을 갖추고자 샀던 게임이다. 당시 나는 아이들이 도서관에 왔을 때 마치 미국 현지 가정집에 초대받거나 캐나다의 영어 캠프에 참여했다는 느낌을 받기를 바랐다. 그러기 위해서 내가 미국과 캐나다에서 읽고 경험한 영어책과 보드게임 중 가장 마음에 들었던 목록을 정리했고, 이후 현지 선생님들에게 추가로 추천 목록을 받아 꼼꼼히 조사한 끝에 다양한 장르의 영어책과 보드게임을 사 모았다.

그렇게 도서관을 열고 매주 아이들과 새로운 보드게임을 하나씩 경험하던 중 예상치 못한 문제가 발생했다. 한 반에 4명의 학생들이 있다는 사실을 간과하고 1인용 퍼즐을 준비한 것이다. 그러다 보니 한 아이가 퍼즐을 맞추고 있으면 나머지는 지켜보면서 마냥 기다려야 하는 지루한 상황이 벌어질 참이었다. 그때 모든 염려를 말끔히 날려버리는 구원투수가 나타났으니 바로 팁오버였다. 팁오버를 하는 동안은 어느 누구도 기다림에 지루해하지 않았기 때문이다.

팁오버를 처음 선보였던 날, 게임판을 배치하고 티퍼맨을 올려놓자 아이들의 입에서 저마다 환호성과 탄성이 터져 나왔다. 자칫 상자를 잘

못 기울였다간 상자 꼭대기에 올려진 티퍼맨이 떨어질 거란 생각에 본인이 할 때나 친구가 할 때도 서로 실패하지 않도록 돕기 바빴다. 아이들은 벼랑 끝에 서 있는 티퍼맨에 완전히 동화된 듯 보였는데, 그날 나는 아이들이 무엇을 원하는지 확실히 알 수 있었다. 아이들에게 필요했던 건 사람이었다. 의지하거나 같이 놀거나 지켜줄 사람 말이다.

만약 보드게임 팁오버에 티퍼맨이 없었다면 어땠을까? 아마도 여느 입체 퍼즐게임과 별반 다를 것 없다고 괄시를 받았을지도 모를 일이다. 특별히 정교하지도 않은 플라스틱 티퍼맨을 하나 추가했을 뿐인데, 아이들이 눈을 떼지 못하는 상황이라니….

문득 군중 속 외로움이라는 말이 떠올랐다. 우리 마음속 어딘가엔 누

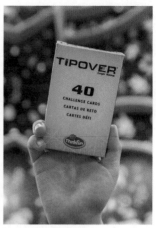

아이들은 벼랑 끝에 서 있는 티퍼맨에 완전히 동화된 듯 보였는데,
그날 나는 아이들이 무엇을 원하는지 확실히 알 수 있었다.
아이들에게 필요했던 건 사람이었다.

연령	보드게임	인원	전략적 사고	수리력	순발력, 집중력	공간지각능력	언어, 어휘력	추리력, 상상력	퀴즈, 상식	행운	멘사 셀렉트 (멘사 선정)
3세 이상	비지 타운	2~4명								●	
	피드 더 키티	2~5명								●	
4세 이상	시퀀스	2~12명				●					
	아이 캔 두 댓	2~4명					●				
	헬씨 헬핑	2~4명							●		
	스네이크 앤 래더스	2~6명								●	
5세 이상	디노 체커	2명	●								
	플레잉 카드	1명 이상		●							
	잭스	1명 이상			●						
	보글 주니어	1~2명					●				
	게스 후?	2명						●			
	파치시	2~4명								●	
	쏘리	2~4명								●	
6세 이상	체스	2명	●								
	마라케시	2~4명	●								★
	스팟잇	2~8명			●						
	커넥트 포	2명				●					
	마법의 미로	2~4명				●					
	로리의 스토리 큐브즈	1명 이상					●				
	헤드밴드	3명 이상						●			

그 외에도 추천해요!

전략적 사고
· 틱택토
· 장기
· 마작
· 티켓 투 라이드
· 아줄
· 카탄
· 카르카손
· 윙스팬

언어, 어휘력
· 스크래블
· 징고
· 팝 포 사이트워드
· 사이트워드 스왓!
· 워드플레이 포 키즈
· 스냅 잇 업
· 인 어 피클
· 센텐스 빌딩
· 테이블토픽스 15

놀면서 배우는 문제해결능력,
문해력과 수리력 그리고 협동심

'보드게임 멘토 부부'가 영역별로 꼼꼼하게 가려 뽑은 큐레이션북

교육방송을 진행한 작가 엄마 박윤미

미국 유학과 캐나다 공립학교에서 일할 당시 처음으로 보드게임의 매력에 빠졌던 그녀는 15년간 영어를 가르치는 현장에서 끊임없이 보드게임의 교육적 접목을 고민해왔다. EBS 등 교육 방송을 진행하기도 했던 그는 영어도서관 운영을 통해 보드게임 교육법을 실제 적용하고 효과를 확인했다. 현재도 직접 두 초등생 아들을 가르치는 엄마로서 보드게임은 언제나 최고의 교육법이라고 자부한다.

인생
보드게임
특별부록

우리 아이
연령별, 영역별, 멘사 선정
보드게임 목록

재미와 교육 효과가 높고, 아이들 반응이 가장 좋으며,
가족 모두가 즐길 수 있게 엄선한 인생 보드게임 52

연령	게임	인원	C1	C2	C3	C4	C5	C6	C7	C8	★
		2,4									★
	셋더박스	2~4명		●							
	루미큐브	2~4명		●							
	스립보	2~6명		●							
	키즈멧	2~8명		●							
	5초 준다	3~6명			●						
	라비린스	1명			●						
7세 이상	블로커스	2~4명				●					★
	스퀘어 바이 스퀘어	1명 이상				●					
	가블리트	2명				●					
	팁오버	1명 이상				●					
	더 리딩게임	1명 이상					●				
	클루	2~6명						●			★
	피버	3~4명						●			
	싱크 빅 사이언스	2~4명							●		
	브레인박스	1명 이상							●		
	인생 게임	2~6명								●	
	배틀쉽	2명						●			
	하이브	2명	●								★
	백개먼	2명	●								
8세 이상	만칼라	2명		●							
	스위시	2~6명			●						
	모노폴리	2~6명								●	
	픽셔너리	3명 이상					●				
	스플렌더	2~4명	●								
9세 이상	애플즈 투 애플즈 주니어	4~10명					●				★
	휠 오브 포춘	2~4명							●		
	더 뉴요커 카툰 캡션 게임	3~6명						●			
10세 이상	스마트 애쓰	2~8명							●		
	패스포트 투 컬처	2~6명							●		

·다빈치 코드 ·이스케이프 룸
·매쓰 다이스 ·미스테리움
·하이 호! 체리-오 ·리틀 무 디스
·크리비지 ·딕싯

순발력, 집중력
·할리갈리
·롤&플레이
·아이 스파이 빙고
·픽쳐레카!
·헝그리 헝그리 히포스

퀴즈, 상식
·트리비얼 퍼슈트
·브레인 퀘스트
·로디드 퀘스천스
·카르멘 샌디에고

공간지각능력
·쿼클
·우봉고
·러시아워
·브릭 바이 브릭
·그래비티 메이즈
·호퍼스

행운
·캔디 랜드
·윷놀이
·얼라우언스 게임
·뱀부즐드
·트위스터

일에 치여 아이들과 시간을 많이 보내지 못하는 아빠로서 아이들과 연결 고리가 되어주는 고마운 도구이기도 하다.

보드게임을 즐기면 아이들의 언어와 어휘력 등의 문해력 향상에도 많은 도움을 준다. 그런 보드게임, 부모가 먼저 쉽게 친해질 수는 없을까? 저자는 이 책에서 그 답을 52가지로 엄선한 보드게임으로 제시하고 있다. _허용진(광양북초 교사, 전국보드게임교사네트워크 대표)

아이들은 보드게임을 하면서 '잘 실패하고 잘 회복하는 법'을 자연스럽게 익힌다. 아이가 살아가는 데 그보다 더 중요한 능력이 있을까? _강지현(경기외고 국어 교사)

이 책은 내가 캐나다에서 교사로 있을 때 즐겼던 스킵보와 우노가 떠올라 보드게임을 앞에 두고 서로의 삶을 이야기하고 있다는 느낌마저 들었다. 스마트폰과 TV에 모두의 눈과 마음을 뺏겨버리는 요즘, 이 책을 시작으로 소중한 사람들과 보드게임의 매력 속에서 마법 같은 순간을 맞이할 수 있기를 희망한다. _유정연(용인외고 수학 교사)

"우리 아이, 어떻게 놀아줘야 할까?"
클래식 게임부터 최신 게임 그리고 멘사 셀렉트까지

재미가 배움이 되는 시간 **인생 보드게임**

나무의마음

구나 외롭고 싶지 않은 본심이 숨어 있다. 외롭지 않기 위해서 군중에 섞여보기도 하고, 지나간 인연들을 수소문해보기도 하지만, 그런다고 외로움은 사라지지 않는다. 외로움은 진심 어린 사랑과 관심이 있어야만 사라지는 녀석이기 때문이다. 아이들은 미처 사람을 사귀는 방법을 터득하지 못해 외로울 수도 있고, 어울려 놀 시간이 부족해 외로울 수도 있다. 게다가 바쁘게 돌아가는 요즘 삶의 속도는 가족 간에도 소외감을 남긴다. 특히 아이들은 그렇게 재밌어하는 온라인 게임을 실컷 하고도 정작 진짜 사람과는 대면하지 못해 외로울 수 있는 것이다.

티퍼맨은 이런 아이들에게 누군가의 보호자가 되어 사람을 살리는 특별한 경험을 선사했다. 티퍼맨을 살리는 동안 다른 친구들과 함께하며 외롭지 않았고 말이다. 가짜 사람 티퍼맨이 진짜 사람이 되는 순간이었다. 역시 사람에겐 사람이 답이다.

Tips for Honey

씽크펀은 팁오버 외에도 혼자서 할 수 있는 게임을 다수 제작해 1인용 게임을 선호하는 사람에게 선택의 폭이 넓은 편이다. 1인용 퍼즐게임은 대부분 모바일 게임으로도 출시됐다. 부모의 교육 철학에 어긋나지 않는 선에서 아이가 지켜야 할 규칙을 미리 정한 다음 일부 모바일 퍼즐게임을 허용하는 것도 나쁜 선택은 아니라고 본다.

시퀀스
SEQUENCE

 2~12명

 약 20분

 4세 이상

오늘을 충실하게

시퀀스의 히스토리

1982년 미국인 더글라스 로이터가 개발한 시퀀스의 최초 이름은 시퀀스 파이브이다. 최초 게임명에서 말해주듯 다섯 칸을 연이어 채우면 이기는 게임으로, 카드 패에 맞게 보드 위에 토큰을 올려 한 줄을 완성한다는 점에서 빙고 게임과도 닮았다.

보드게임 시퀀스는 조커를 뺀 플레잉 카드 두 세트 104장과 포커 칩처럼 생긴 토큰을 이용한다. 5개로 한 줄을 완성하면 되는, 일종의 카드로 하는 오목 게임이다. 한 사람당 카드 6장(3~4인 기준)을 가지고 10×10 보드 위에서 게임을 한다. 손에 있는 카드 중 1장을 뽑아 내려놓으며 보드의 해당 칸에 토큰을 올려놓고 카드 더미에서 새 카드 1장을 가져오면 자신의 차례가 끝난다. 이때 새 카드를 가져오는 걸 잊어버리면 카드를 채울 기회가 날아가므로 남들보다 1장이 적은 5장으로 경기하고 싶지 않다면 카드 가져오는 것을 절대 잊어서는 안 된다.

보드의 네 귀퉁이에 시퀀스 토큰이 그려진 칸은 자유 칸 혹은 무료 칸이다. 말 그대로 아무 카드나 조건 없이 자유롭게 내면서 그 칸을 토큰으로 채울 수 있다. 자유 칸은 쓸모없는 카드로도 토큰을 내려놓을 기회를 주는 칸이라 그 장점을 잘만 활용하면 조커 카드와 비슷한 효과를 볼 수 있다. 게다가 만에 하나, 네 귀퉁이의 자유 칸을 한 사람이 모두 차지하면 곧바로 승리한다는 규칙이 있어 이것만 노리는 사람도 있을 정도다.

잭 카드는 특수 카드로 눈이 한쪽만 보이는 잭(4장)은 상대방 토큰을 제거하는 능력이 있고, 눈이 둘인 잭(4장)은 원하는 자리 어디에나 자신의 토큰을 내려놓는 능력이 있다. 말 그대로 특수 카드인 만큼 잭 카드를 타이밍에 맞게 사용하는 게 이 게임에서 가장 중요한 전략이다.

시퀀스를 단순화하여 아이의 눈높이에 맞게 제작한 것이 시퀀스 포 키즈이다. 시퀀스 포 키즈는 오목이 아닌 4목 한 줄을 완성하는 것이 목표이다. 이 게임에는 아이들이 좋아할 만한 귀여운 동물 그림이 등장하는데, 덕분에 아이들이 폭넓게 보드를 바라보게 도와줘 공간지각능력을 키워주는 요소로 작용한다. 어린이 버전의 유니콘 카드는 원하는 곳에 칩을 내려놓는 카드이고, 드래곤 카드는 상대의 칩을 제거하는 카드다. 시퀀스와 마찬가지로 자기 차례가 오면 1장의 카드를 내고 해당 칸에 칩을 올려놓지만, 손에는 6장이 아닌 3장의 카드를 유지해야 한다.

시퀀스 게임은 복잡한 규칙이 없어 잭 카드의 유무가 승패를 가르는 요소나 다름없다. 물론 언제 잭 카드가 내 손아귀에 들어올지 알 수 없고 상대가 잭 카드를 가졌는지도 볼 수도 없지만, 이것이 시퀀스 게임을

시퀀스는 빙고의 아련한 추억을 부르는 게임이다.
5개 한 줄을 완성한다는 점과, 한 줄을 만드는 데 온갖 열정을 쏟는다는 사실도 그렇다.

일련의 과정으로 받아들이고 차곡차곡 집중하게 하는 원동력일 것이다. 함부로 빗장을 풀 수도 없고, 잠시 한눈을 팔아서도 안 되는 불확실성 속에서도 운 좋게 한 줄을 완성했다면 '시퀀스'라고 외치며 승자가 될 수 있다.

오늘을 꽉 잡아라

캐나다에서 가봤던 의외의 장소 중 하나가 빙고장이다. 빙고 게임을 하려고 수십 명이 모여드는 그곳에서 수많은 군중 틈에 낀 채 빙고를 하다 보면 '고작'이라고 생각했던 빙고가 '무척' 재미있는 게임이 되고야 만다. 5개로 한 줄을 만드는 일에 우승 상금을 받으려고 인파가 몰렸다는 사실이 웬지 웃기기도 하면서 평범한 일상 속 특별한 이벤트처럼 다가왔기 때문이다.

시퀀스는 이런 빙고의 아련한 추억을 부르는 게임이다. 5개 한 줄을 완성한다는 점과, 한 줄을 만드는 데 온갖 열정을 쏟는다는 사실도 그렇다. 시퀀스에서 이기기 위해선 잭 카드나 자유 칸을 잘 활용하고 토큰끼리 가깝게 내려놓는 전략을 짜는 게 중요하지만, 사실 전략이 있다고 한들 능사는 아니다. 유니콘 카드로 회심의 일격을 가했더니 상대가 드래곤 카드로 칩을 곧바로 제거하기도 하고, 하나만 더 완성하면 된다고 축포를 터트리려는 찰나 상대방이 먼저 시퀀스를 외치기도 하니까 말이다. 전략이 이길까, 운이 이길까 온갖 변수가 발생하는 게임판에서 어떤 카드를 새로 쥐든 그때그때 최선의 자리가 어디일지 생각하고 묵묵하게 칩을 내려놓는 게 시퀀스에서 우리가 해야 할 전부이다.

이는 모든 변수를 마주하며 시퀀스, 즉 일련의 과정으로 현재를 살아가는 우리의 삶과 닮았다. 우리의 하루는 무대 위에서 조명을 받을 만큼 특별하거나 화려한 일들만으로 채워지지 않고, 원치 않아도 불행과 직면하는 순간을 이따금 맞이한다. 때론 밋밋하고 평범한 시간을 살아가는 것조차 쉽지 않지만, 그저 묵묵히 견디며 평범함이 비범이라는 말에 절절하게 동의하면서 주어진 현재에 충실할 뿐.

영어 표현 중에 오늘을 꽉 잡으란 뜻의 Seize the day라는 문장이 있다. 시퀀스 게임에서 손에 칩 하나를 꽉 잡고 주어진 카드에 따라 한 줄을 만드는 게 최선인 것처럼 우리의 삶도 오늘을 꽉 잡고 하루하루 살아나가는 게 최선이라고 알려주는 말이다. 그 끝에 누가 시퀀스를 외칠지 모르지만, 살아낸 오늘이 모여 우리의 삶이 되고, 그 자체가 빙고라고 알려주는 뜻일 것이다. 시퀀스! 오늘도 꽉 잡으며 믿어본다.

Tips for Honey

시퀀스를 할 때 여러 가지 진행 방식이 있지만 2명씩 두 팀으로 나눠 대결하는 오리지널 버전을 가장 추천한다. 팀을 이루어 진행할 때는 반드시 지켜야 하는 규칙이 있는데, 아무리 같은 팀이어도 각자 내려놓을 카드를 서로 의논할 수 없다는 점이다.
만약 이를 어기고 암시하는 행동을 한다면 그 팀원은 각각 한 장의 카드를 버려야 하는 벌칙을 받게 되니 유의해야 한다.

5장

언어와 어휘력

Language, Vocabulary

보글 주니어

더 리딩게임

애플즈 투 애플즈 주니어

로리의 스토리 큐브즈

아이 캔 두 댓

픽셔너리

보글 주니어
B O G G L E   J R .

 1~2명

 약 10분

 5세 이상

영어 어휘력 향상을 위한 첫걸음

보글 주니어의 히스토리

보글은 어학용 인기 보드게임 스크래블과 더불어 미국에서 널리 알려진 철자 맞히기 게임이다. 스크래블과 차이점이 있다면 스크래블은 낱말 퍼즐게임처럼 각자 가진 철자 타일을 가지고 이미 완성된 단어의 한 음절에 덧붙여 새로운 단어를 만드는 창조의 방식이지만, 보글은 16개의 글자판에서 만들어질 수 있는 단어의 조합을 찾아내 점수를 획득하는 발견의 방식이라는 것이다.

1972년 알란 투르프가 개발한 보글Boggle의 의미는 '주저하다'이다. 뒤죽박죽 섞인 글자판 안에서 알파벳을 연결해 단어를 만들기란 쉬운 일이 아니라서 글자판을 보며 주저하는 사람들의 모습을 빗대어 게임명을 보글이라 명명했다. 게임이 가진 어학적 효과를 증명이라도 하듯 다트머스 대학, 미시건 대학, 버클리 대학 등 미국의 여러 유명 대학교에서는 '보글 클럽'이 운영되고 있다.

성인용 보글은 알파벳이 적힌 16개의 주사위를 4×4판에 흔들어 놓

고 3분 동안 3자 이상의 단어를 최대한 많이 찾아내면 이기는 게임이다. 단어에 포함된 글자 수에 따라 점수가 높아져 서너 글자는 1점, 다섯 글자는 2점, 여섯 글자는 3점, 일곱 글자는 5점, 여덟 글자 이상은 10점을 얻는다. 이때 단어의 조합은 글자끼리 가로, 세로, 대각선 어느 방향으로든 연속되어야 한다. 예를 들어, S 옆에 A가 있고, A 위에 N이 있고 N의 대각선 아래에 D가 있다면 글자가 이어진 상태로 SAND가 만

들어져 1점을 획득하게 된단 뜻이다. 상대방과 같은 단어가 있으면 점수
에 포함되지 않으므로 가능한 한 긴 음절의 희귀한 단어를 찾아내는
게 유리하다.

성인용 보글은 어느 정도 어휘 실력을 갖춘 사람이라야 즐길 수 있는
게임이다. 이러한 재미를 철자를 전혀 모르는 아이들이 맛볼 수 있도록

매우 단순화하여 만든 버전이 보글 주니어이다. 이 게임은 친숙한 그림이 그려진 카드와 함께 서너 글자의 짧은 단어를 보고 스펠링의 조합을 익히는 게임이다. 카드에 적힌 철자를 보고 주사위에서 알맞은 알파벳을 찾아 똑같이 단어 철자를 완성하는 방식과 철자를 다 외운 뒤에 그림만 보고 단어를 완성하는 업그레이드 방식이 있다. 영어 울렁증이 있는 부모도 부담 없이 아이의 영어 선생님이 되어줄 수 있을 만큼 쉽고 간단하면서도 재미있는 게임이다.

웰컴 투 보글 클럽

입시, 취업, 승진을 앞두고 영어가 발목을 잡았던 경험이 많아질수록 언어가 가진 본질적 가치를 외면하고 점수를 챙기는 일에만 급급하게 된다. 또한 영어는 해외에 나가서 공부하거나 비싼 돈을 들여 원어민에게 배워야만 실력이 는다고 오해하는 경우도 적지 않다. 언어는 적절한 노출과 동기부여만 있다면 언제 어디서나 충분히 습득할 수 있고, 그렇게 되면 필요한 점수도 자연스레 따라오기 마련인데도, 조바심이 등잔 밑을 어둡게 만드는 것이다.

　의욕과 의지만 확실하다면 앉은 자리에서도 영어에 노출되는 효율적인 방법은 얼마든지 찾을 수 있다. 그 대표적인 예가 보글 주니어와 같은 놀이 형태의 보드게임이다. 놀이를 통한 교육의 최고 장점은 언어를 학습으로 인식하지 않게 해 영어를 자연스럽게 발화시킨다는 점에 있

어학적 효과를 증명이라도 하듯 다트머스 대학, 미시건 대학, 버클리 대학 등
미국의 여러 유명 대학교에서는 '보글 클럽'이 운영되고 있다.

다. 아이들이 바닷가 백사장에서 우연히 만난 외국인 친구와 배워본 적 없는 서로의 언어를 자연스럽게 모방하고 익히는 모습처럼 말이다. 이처럼 언어의 자연 발화를 위해선 일상에서 매우 기초적인 수준으로 언어에 대한 호감을 예열하는 게 무엇보다 중요한데, 그 첫걸음으로 제격이라 판단해 샀던 게임이 바로 보글 주니어이다.

하지만 너무 잘 알아도 문제인 걸까? 다른 사람도 아닌 내가 보글 주니어와 관련해 본의 아니게 크게 실수했던 경험이 있다. 아이들에게 단어 하나라도 더 빨리 외우게 하려는 욕심이 앞서 굳이 게임을 2개나 사면서 사달이 난 것이다. 첫째와 둘째에게 각각 하나씩 쥐여주고는 단어를 더 빨리 완성하는 사람이 이기게 된다고 경쟁을 붙이자 '형제의 난'이 일어나고 말았다. 자연스럽게 어휘를 터득하게끔 만들어진 게임이 졸지에 싸움의 도구로 변질된 것이다. 둘째는 형한테 져서 분하다고, 첫째는 동생한테 져서 창피하다며 엄마를 원망하는 통에 아이와 성인을 대상으로 영어를 가르친 15년 경력이 무색해질 만큼 난감했다.

결국 보글 2개 중 하나를 치웠더니 그제야 문제가 해결되었다. 보글이 하나만 남게 되자 아이들은 오히려 조바심을 내며 더 빨리 자기 차례가 되길 바랐고, 곁눈질이 더 재미있는지 직접 할 때보다 옆에서 볼 때 영어 철자를 더 잘 외웠다. Frog나 Car처럼 이미 어딘가에서 들어봐 알고 있던 단어들의 철자까지 알게 되자 성취감도 대단한 듯 보였다.

일반적으로 언어의 발달 순서는 듣기, 말하기, 읽기, 쓰기 순이다. 아무리 쉬운 단어의 철자라도 그것을 외우고 쓰는 일은 마지막 단계에 해당하는 것이라 시작부터 재촉해서는 안 된다. 나 역시 그것을 간과해 아이들을 다그치는 실수를 저질렀지만, 다행히 실수를 만회한 덕분에 우리 집 아이들은 지금도 영어를 교과목이나 시험으로 떠올리지 않는다. 심지어 문법을 가르쳐줘도 이를 말하고 듣고 읽고 쓰는 데 필요한 재미있는 규칙 정도라고 인식한다. 보글을 하며 놀았을 뿐인데 가랑비에 옷 젖듯 영어에 흠뻑 젖은 아이들을 만나게 되었다.

Tips for Honey

보글을 할 때 점수를 매기는 과정에서 실제 존재하는 단어인지 아닌지 다툼이 일어날 수 있다. 이때 사전을 찾아보는 것 외에 또 하나의 방법이 있는데, 바로 보글 해결사 www.wordplays.com/boggle-solver에 접속하는 것이다.

단어의 유무를 빠르게 알려줘 채점 시간을 줄일 수 있는 데다 주사위에 나온 알파벳 조합으로 만들 수 있는 모든 단어를 제시해주기 때문에 새로운 단어들을 습득하는 데 도움이 된다.

더 리딩 게임
THE READING GAME

 1명 이상

 약 20분

 7세 이상

동화책으로 키우는 호감 독서법

더 리딩 게임의 히스토리

더 리딩 게임을 개발한 케네스 호드킨슨은 이력이 매우 다채롭다. 그는 미국, 캐나다, 영국에서 초등학생부터 대학생까지 다양한 연령층을 대상으로 영어를 가르쳤으며, 예일 대학교 드라마 스쿨에서 극작을 전공한 경험을 바탕으로 영국과 북미 지역에서 연극을 연출하기도 했다. 미국의 영화 제작사이자 배급사인 파라마운트 픽처스에서는 극본을 검토하는 일도 했다. 무엇보다 호드킨슨은 체계적인 어휘 학습서로 유명한 《워들리 와이즈》 시리즈의 저자이기도 한데, 이 시리즈는 1967년 발간 이후 끊임없이 수정되고 보완되며 현재까지도 유치원부터 고등학교까지 수많은 학생들의 어휘를 책임지는 어휘력 분야의 바이블로 불린다.

이처럼 어학에 관심이 많던 그는 급기야 더 리딩 게임을 만들어 보드게임 개발자라는 이력을 추가한다. 둘째 손녀 애슐린이 글을 읽지 못해 책장을 계속 넘기기만 하는 모습을 보면서 읽기를 쉽게 하고 더 나아가 책을 사랑하게 만드는 보드게임 하나를 고안해낸 것이다. 게임의 최초 실험 대상은 애슐린이었는데 손녀를 시작으로 다양한 연령대의 아이들

에게서도 큰 효과를 확인하자 정식으로 더 리딩 게임을 시장에까지 내놓게 되었고 큰 인기를 얻었다.

더 리딩 게임은 단어 암기와 독서를 함께 경험하는 방식으로 글을 깨치게 해주는 게임이다. 튜터가 6권의 이야기책 중 하나를 골라 그 책에 나오는 주요 단어 30개를 아이에게 말해주는 것으로 시작한다. 이때 말해주는 단어는 sun, sky, shower, leave, because, castle 등 아이가 빠르게 외울 수 있을 정도로 어렵지 않은 수준이다. 단어를 말해준 다음에는 이 단어들이 적힌 카드 30장을 이용해 메모리 게임을 진행한다. 뒤집힌 카드 중 2장씩 펼쳐 보면서 같은 단어 한 쌍을 찾는 방식을 반복하다 보면 자연스럽게 단어를 암기할 수 있게 된다.

이렇게 모든 단어를 암기한 뒤엔 이야기책에 나오는 문장을 완성해 읽게 되는데, She is sad because it rains all day처럼 비교적 긴 문장도 어렵지 않게 읽을 수 있게 된다. 외운 건 쉬운 어휘지만 읽게 되는 건 통으로 된 문장이라 큰 성취감을 얻을 수 있다.

단어 30개로 익히는 호감 독서법

영어를 전혀 읽고 쓰지 못하던 아이가 오직 영어 단어 30개를 외워 한 권의 책을 뚝딱 읽는 경험은 요술 같은 일이 아닐 수 없다. 얼마 전까지 못 읽던 책을 순식간에 읽게 되니 아이는 당연히 천재가 된 기분이 들

것이다.

더 리딩 게임은 단어 암기나 통문장을 익히는 데 더없이 좋은 게임이지만, 무엇보다 독서에 대한 탄력을 붙여준다는 점이 내가 꼽는 최고의 장점이다. 글을 읽지도 못하던 아이가 한 시간도 안 되어 독서에 재미가 생겨 책을 사랑하는 아이로 변신하는 걸 자주 보면서 이것을 단순한 게임이 아니라 하나의 발명품이라 해도 되지 않을까 극찬했을 정도다.

이 게임 방식의 효과는 모국어 습득에 적용할 때 더욱 확실하게 확인할 수 있다. 호드킨슨이 손녀에게 그랬듯 아이가 한글을 떼지 못해 고민인 학부모라면 주저 말고 해보기를 바란다. 아이가 글을 읽지 못한다는 건 단지 철자 및 맞춤법을 모른다는 것이지, 어휘 자체를 모르고 있다는 뜻은 아니다. 아이들은 사자, 여우, 배고프다, 만나다 등 이미 수많은 단어를 보고 들어서 이제 그 철자만 알면 되는 단계에 놓였다고 봐야 한다.

이런 아이들에게 빠르고 재미있게 한글을 뗄 수 있게 하는 방법이 더 리딩 게임의 방식이다. 짧고 쉬운 동화책 하나를 선정해 그 안에 가장 많이 나오는 단어 30개를 뽑아 카드로 만든 후 메모리 게임을 반복적으로 시키면 생각보다 빨리 통으로 단어를 익히게 될 것이다. 부모와 하는 게임은 아이에게 해도 해도 질리지 않는 놀이니까 말이다. 놀라운 건 지금부터다. 이처럼 놀이를 통해 단어를 익힌 아이가 동화책을 펼친 순간 갑자기 "나무 뒤로 사자의 머리와 꼬리가 보여요"라는 문장을 읽게 된다. 여기서 끝이 아니라 넘기는 페이지마다 문장을 읽고 결국 책 한 권을 뚝딱 읽는 기적을 낳는다.

더 리딩 게임은 단어 암기나 통문장을 익히는 데 더없이 좋은 게임이지만,
무엇보다 독서에 대한 탄력을 붙여준다는 점이 내가 꼽는 최고의 장점이다.

이것은 연쇄 작용을 일으키는데, 갑자기 문장이 읽히는 희열을 경험한 아이는 단어와 문장의 이해를 넘어 문맥을 이해하고자 하고, 이때 문해력을 얻게 되는 것이다. 전체 맥락을 이해하고자 하는 이 갈망이 또다시 책을 귀한 벗으로 여기게끔 하는 애정을 만들어낸다. 책에 대한 즐거운 각인은 독서를 습관으로 만들어주고 꼼짝없이 책장에 붙들려 짝사랑하듯 책을 읽는 아이를 탄생시킨다. 한글을 떼자고 시작했던 일이 책을 사랑하는 아이를 만들어내는 것이다.

더 리딩 게임을 하면서 총 6권의 책을 완독했을 때 습득하는 어휘량은 180개 이상에 달한다. 180개의 어휘뿐만 아니라, 책에 대한 호감도 180배 이상 늘었다는 걸 잊지 말자. 최초의 호감 덕분에 아이가 책을 사랑하는 사람이 되면 유명 서점 건물에 걸린 문구처럼, 사람은 책을 만들고, 책은 사람을 만들 것이다.

Tips for Honey

영어가 모국어가 아닌 아이들은 구성품에 있는 단어 카드를 가지고 메모리 게임을 하는 것만으로도 많은 어휘를 습득할 수 있다.
영어 단어를 기초부터 단계적으로 외우기를 원한다면 호드킨슨의 저서인 《워들리 와이즈》 시리즈와 미국의 언어학자 에드워드 윌리엄 돌치 박사의 사이트 워드 리스트Sight Word List를 이용해 기본기를 다지는 것도 방법이다.

애플즈 투
애플즈 주니어

APPLES TO APPLES JR.

 4~10명

 약 30분

 9세 이상

 멘사 선정(1999년)

때로는 공감이 정답을 이긴다

애플즈 투 애플즈 주니어의 히스토리

멘사에서 추천하는 애플즈 투 애플즈는 두 종류의 영어 카드를 가지고 단어를 비교하는 게임이다. 본래 어른들이 가볍게 즐기는 파티용 게임으로 제작된 것이지만, 국내에서는 고급 수준의 영어 단어를 자연스럽게 익힐 수 있다는 점에서 영어 교육용으로 더 잘 알려져 있다. 오리지널 버전보다는 어휘 수준을 다소 낮춘 애플즈 투 애플즈 주니어가 영어가 모국어가 아닌 사람들의 어휘 학습용으로 적합해 인기가 높다.

애플즈 투 애플즈는 기업에서도 자주 통용되는 용어다. 2개의 비슷한 대상을 비교해 결과를 예측할 때 흔히 'apples-to-apples comparison'을 한다고 말한다. 중요한 건 비슷한 조건의 2개를 비교해야 한다는 것이다. 이를테면 현재 사과의 당도가 높은지를 알기 위해서는 같은 품종의 다른 사과와 비교해야 좀 더 정확한 판단을 할 수 있다는 뜻이다.

이런 의미를 차용해 이름이 붙여진 애플즈 투 애플즈 주니어는 비슷한 의미를 가진 단어를 찾고 그 이유까지 설명해야 하는 게임으로 유의어와 반의어에 대한 개념과 더불어 사고력과 논리력까지 키워준다.

Bumpy
lumpy
bound

Getting the Flu

If you got
homework done...

JUNIOR

Stay home, drink
juice and watch TV.

APPLES
to
APPLES
JUNIOR

JUNIOR

S'mores and songs.
Gather 'round!

JUNIOR

Relaxed

What?

Pinocchio

JUNIOR

Pinocchio was a
wooden puppet
who came to life.
His nose grew each
time he told a lie.

An imaginary
creature with the
upper body of a
woman and the
tail of a fish.

A Me

Sad
happy

Dolphins

Early Morning

게임은 형용사가 쓰인 녹색 카드와 명사가 쓰인 빨간 카드를 이용한다. 녹색 카드는 한 명의 심판이 사용하는 이른바 기준 카드이며, 빨간카드는 나머지 참가자들이 사용하는 비교 카드이다. 심판이 녹색 카드중 1장을 뽑아 제시어를 보여주면 나머지 참가자들은 자신의 빨간 카드중 심판의 카드와 가장 어울린다고 생각하는 단어 카드를 골라 제출하면 된다. 그런 다음 심판이 심사숙고하여 가장 잘 어울린다고 판단되는빨간 카드 1장을 선정하게 되는데, 이때 선정 방식은 2가지이다. 카드끼리 의미가 가장 비슷한 것을 뽑아도 되고, 참가자 중 카드를 제출한 이유를 가장 재미있게 설명한 사람의 카드를 뽑아도 된다. 이러한 방식으로 가장 먼저 네 차례 선정을 받은 사람이 나올 때까지 게임을 진행한다. 그리고 그 사람이 우승자가 된다.

똑똑하게, 때로는 따뜻하게

애플즈 투 애플즈는 단순한 구성품임에도 불구하고 엉뚱한 발상이 난무하고 상대를 설득하는 잔재미가 가득해 한바탕 웃으면서 단어와 문장을 익힐 수 있는 게임이다. 심판이 참가자들의 카드를 선정하는 방식이 2가지라 참가자들의 재치와 심판의 재량이 폭소를 일으킬 때가 많기 때문이다. 예를 들어, 심판이 제시한 단어가 Fresh일 때 참가자 3명이 제출한 단어가 각각 Lemonade, Listening to Music, Pokemon이라면 심판은 의미에 중점을 둬 Lemonade를 바로 선정해도 되지만, 참

애플즈 투 애플즈는 기업에서도 자주 통용되는 용어다.
2개의 비슷한 대상을 비교해 결과를 예측할 때 흔히
'Apple to Apple Comparison'을 한다고 말한다.

가자의 설명 중 "포켓몬이 내 인생 가장 신선한 만화였으니까 fresh와 관련이 높다고 생각해"라는 설명이 마음에 들면 그 사람의 카드를 뽑아도 된다. 논리보다는 감성에 호소하며 공감을 이끌어내도록 하는 규칙이 오히려 참가자들에게 설득하는 재미를 일으키는 것이다.

이 게임이 만들어지게 된 건 개발자였던 엔지니어 매트 커비의 일화에서 출발한다. 평소에도 엉뚱하고 유쾌한 질문을 즐겼던 그는 처가에서 점심을 먹다가 분위기를 띄울 목적으로 질문 하나를 던졌다.

"F. 스콧 피츠제럴드와 어니스트 헤밍웨이 중 누가 더 훌륭한 작가인가요?"

우리로 따지면 "윤동주와 이상 중 누가 더 훌륭한 작가일까요?"라고 질문한 것과 비슷하다. 분명 질문에 오류는 없지만, 아무도 그 엉뚱한 비교에 쉽게 대답하지 못하고 말문이 막히면서 오히려 식사 시간이 화기애애해지기 시작했다. 어차피 정답이 없는 질문인 만큼 누군가 물꼬를 트자 재미있는 대화가 오가게 된 것이다. 이러한 엉뚱한 비교 질문이 가져오는 대화의 풍성함에서 영감을 얻은 커비는 이후 단어를 비교하는 보드게임 애플즈 투 애플즈를 만들고, 그 안에 심판의 선정 방법을 2가지로 넣게 된 것이다.

개발자의 재치 있는 규칙은 내게도 통했다. 게임에서 내가 심판이 되어 Smart(똑똑한)라는 카드를 제시했을 때 "우리에게 모든 지식을 알려준다"라는 설명과 함께 Dictionaries(사전)를 제출한 학생 대신 "저는 차 타고 가다가 맥도날드가 보이면 바로 멈춰 세워서 부모님께 햄버거를 사달라고 말해요. 해피밀을 사면 장난감을 주거든요. 이 햄버거 가게를 만든 사람은 정말 똑똑한 사람일 거예요"라는 기발하고 재미있는 설명과 함께 McDonald's를 제출한 학생의 손을 들어줬으니까 말이다.

애플즈 투 애플즈에서 심판의 공감대만 공략해도 최고의 카드로 뽑힐 수 있다는 묘미는 이 게임에 숨겨진 교훈인지도 모른다. 우리가 사는 세상 역시 때로는 이성적 논리로만 설명되지 않으니까 말이다. 동떨어진 단어를 보여주면서도 심판의 마음을 얻어내는 능력은 어쩌면 우리를 따뜻하게 감싸주는 소통 그 자체일 것이다. 애플즈 투 애플즈로 비교했을 때 똑똑한 논리와 가장 대등한 건 따뜻한 소통을 가능케 하는 공감 능력이라는 걸 알려주는 듯하다.

Tips for Honey

국내에서도 한국어판 보드게임이 활발하게 제작되고 있지만 영문판으로만 나온 보드게임이 여전히 많다.
애플즈 투 애플즈처럼 게임의 방식이 마음에 들지만, 아이와 함께하기에 영어가 부담된다면 영어 단어 아래에 한글 설명을 적은 스티커를 붙여 사용하는 방법도 있다.

로리의
스토리 큐브즈
RORY'S STORY CUBES

 1명 이상

 약 20분

 6세 이상

말문이 터지는 주사위

로리의 스토리 큐브즈의 히스토리

로리의 스토리 큐브즈(이하 스토리 큐브즈)는 그림이 그려진 주사위 9개를 굴려 나온 그림에 맞게 이야기를 만드는 스토리텔링 게임이다. 주사위에 그려진 그림만으로 상상력과 사고력, 논리력, 언어 능력까지 집중적으로 훈련할 수 있게 만들어졌다. 2004년에 출시된 이 게임의 공식홈페이지에서는 스토리 큐브즈를 다음과 같이 소개하고 있다.

"이 게임은 작은 관찰에서 탄생했다. 단순한 이미지가 여러 상상력을 자극한다는 점을 깨닫는다는 아이디어를 바탕으로 만든 것이다."

소개 글에서도 알 수 있듯 작고 단순해 보이는 주사위 그림이 주는 상상력의 힘을 무심코 지나치지만 않는다면 누구나 매력적인 이야기꾼이 될 수 있다.

각 주사위에 그려진 이미지는 외계인, 불, 풍뎅이, 번개, 물고기, 나무, 지구 등 서로 연관성이 없는 그림들이다. 그림의 화풍 또한 단순하고 상징적이라 건물이 그려진 그림 하나를 놓고도 상상력에 따라 다양한 장소라고 말할 수 있다. 병원이라고 하든 회사라고 하든, 그것은 어디까지

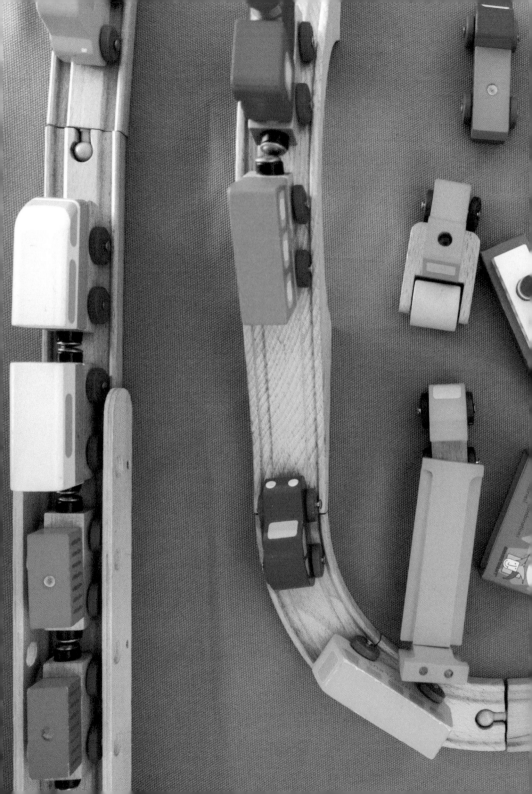

나 말하는 사람의 선택이다. 그러한 그림들이 그려진 주사위 9개를 던져 순서에 상관없이 모든 그림을 엮어 그럴싸한 이야기를 만들어내면 된다. 이 게임은 사실상 승패에 목적을 두지 않는다. 그보단 입담을 뽐내는 연습으로 말하기에 자신감을 가지게 하는 것이 최종 목표이다.

구성품과 규칙은 간단하지만, 9개의 주사위에서 나오는 그림 조합의 경우의 수가 많다는 점 때문에 어렵다고 느낄 수도 있다. 각각 6개의 그림이 그려진 9개의 주사위를 굴리니 6의 9승인 10,077,696가지, 즉 천만 가지 이상의 조합이 나오기 때문이다. 하나의 그림에 대해 상상력을 발휘하는 것과 9개의 그림을 엮어 이야기를 만들며 상상력을 발휘하는 것은 천지 차이다. 곧잘 상상력을 동원해 이야기를 잘 지어내던 아이들도 9개의 그림 앞에선 머뭇거리다 포기하는 이유도 여기에 있다. 하지만 한 번 이야기를 엮는 데 성공하면 이후부턴 상상력이 무한 확장될 수 있으므로 아이가 지레 포기하지 않도록 어른들이 곁에서 용기를 주는 게 이 게임에서 지켜야 할 가장 중요한 점이다.

나를 어필하는 시대, 아무 말 대잔치 효과

스토리텔링은 어느 학문을 막론하고 학습에 효과적인 장치로 인식된다. 이야기가 만들어내는 서사가 재미와 몰입을 극대화하기 때문이다. 또한 말하기는 그 자체만으로 경쟁력이 되기도 한다. 셀프 브랜딩 시대에 말을 잘하는 사람이 매력적으로 보이는 건 어쩔 수 없는 사실이니까 말이다. 이처럼 말하기의 중요성이 점점 대두되고 있지만, 말하기에 자신감이 생기기란 좀처럼 쉬운 일이 아니다. 나의 이야기가 과연 사람들에게 어필할지, 혹여나 형편없게 들리진 않을지 걱정부터 앞서기 때문이다. 이런 걱정은 자칫 우리를 꿀 먹은 벙어리로 만들기도 하는데, 말하기에 두려움을 느끼게 되면 자신감 하락으로 이어져 발표나 일상의 소소한 대화마저 영 편치 않게 된다. 하여 여러 사람 앞에서 발표해야 하는 전날이면 밤새 전전긍긍하다가 안 하던 기도까지 하고 잠들게 되는 것이다.

이처럼 말하기가 두려운 사람이라면 스토리 큐브즈의 주사위 9개를 굴려보라고 말해주고 싶다. 학교에서 발표하기 전날이면 눈물을 뚝뚝 흘리던 첫째 아들도 주사위 덕분에 지금은 제법 인기 있는 수다쟁이가 되었으니까 말이다.

스토리 큐브즈는 자유롭게 어떤 말이라도 하면서 입을 떼는 연습을 통해 차츰 말하기에 자신감이 생기도록 만들어진 게임이다. 유기적으로 잘 얽힌 얘기를 완성하는 건 나중에 해도 늦지 않은 일이라서 어떤 재료로도 이야기를 만들어낼 수 있다는 자신감을 주는 게 이 게임의 목표이다. 한마디로 이 게임에선 아무 말을 해도 된다는 뜻이다. 물론 아무 말조차도 처음부터 잘할 수 있는 건 아니다. 말이 안 되는 얘기를 했다간 혼나는 게 아닌가 싶어 처음엔 아무 말을 경계하는 아이들이 훨씬 많다. 해결책은 간단하다. 부모가 앞서 아무 말 대잔치의 모범을 보여주면 된다. 주사위 그림에 달, 건물, 불, 성, 자물쇠 구멍, 열쇠, 전구, 외계인, 손바닥 그림이 나왔을 때를 예로 들어보자.

"캄캄한 밤에 아파트에 불이 나서 옆집 성에 찾아갔더니 문이 잠겨

"이 게임은 작은 관찰에서 탄생했다.
단순한 이미지가 여러 상상력을 자극한다는 점을
깨닫는다는 아이디어를 바탕으로 만든 것이다."

있지 뭐야. 바닥에 열쇠가 있길래 안으로 들어가 불을 켰더니 외계인이 엄마에게 '안녕~'이라고 인사하더라."

이런 식으로 아이 눈높이에 맞춰 유쾌하고 발랄하게 이야기하면 된다. 엄마의 엉뚱한 이야기를 듣고 박장대소한 아이들은 한동안 바닥에 주사위를 굴리고 또 굴리며 스토리텔링의 대가로 거듭났다. 아무렇게나 아무 말을 해도 된다고 허락해주는 상황이 말하기에 대한 모든 두려움을 날려버린 것이다.

두려움이 사라진 아이들은 평소에도 말하기를 주저하지 않는다. 좀 과묵해졌으면 싶어질 정도로 시도 때도 없이 자기주장을 펼쳐 한층 조리 있고 자연스럽게 말하고, 그 덕에 학교에서 발표하는 일도 자신의 매력을 뽐내는 기회로 여기게 된다. 그런 멋진 변화의 시작에 아무 말이 있었다는 사실을 명심해야 한다. 스토리 큐브즈를 매일 굴려 깊은 샘물처럼 자신감이 가득 찬 아이라면 천일야화가 아니라 만일야화도 지어낼 수 있을 것이다.

Tips for Honey

9개의 주사위를 던져 이야기를 엮는 일은 간혹 어른에게도 벅찰 수 있으므로 아이를 대상으로 할 때는 3개 정도로 시작해 차츰 늘려가는 방식으로 진행해야 부담이 없다. 완전히 적응해 실력이 일취월장하면 명사형과 동사형 두 세트를 합쳐 총 18개의 주사위를 던져 이야기를 만드는 것도 도전해보기를 권한다. 외국어가 능숙하다면 외국어로도 자주 이야기를 만들어 언어 감각을 유지하는 것도 한 방법이다.

아이 캔 두 댓
I CAN DO THAT

 2~4명

 약 20분

 4세 이상

"할 수 없어도 괜찮아!"

아이 캔 두 댓의 히스토리

아이 캔 두 댓은 칼데콧상을 무려 세 차례(1948년, 1950년, 1951년)나 수상한 미국의 동화 작가 닥터 수스의 동화를 기반으로 만들어진 게임이다. 닥터 수스 작품의 대표 캐릭터인 모자 쓴 고양이가 등장하는 만큼 동명의 책을 안다면 더 친숙하게 느낄 수 있다.

게임의 규칙은 단순하다. 플레이어는 카드 3장을 골라 미션을 확인한 후 임무를 수행할 수 있을지 없을지를 판단해 그것에 맞게 행동하면 된다. 예를 들어, 뽑은 카드에서 '책을 턱에 끼고 봉을 점프해서 넘어가세요'라는 미션이 나왔을 때 할 수 있겠다 싶으면 "I can do that"을 외친 후 도전하면 된다는 말이다. 성공하면 해당 카드를 획득하게 되는데, 카드에 따라 별이 1~3개 그려져 있어 최종적으로 별을 가장 많이 획득한 사람이 승자가 된다.

이 게임에서 미션을 말해주는 카드는 총 3종류가 있다. 빨간색 1번 카드는 'Take four giant steps(크게 네 발자국 걷기)'처럼 동작을 지시하는

카드고, 파란색 2번 카드는 'with the book(책을 가지고)'처럼 소유할 물건을 제시해준다. 마지막으로 노란색 3번 카드는 'on your head!(네 머리 위에)'와 같이 위치를 알려주는 전치사구가 나오는데 게임을 반복할수록 between, inside, behind 등의 다소 어려울 수 있는 전치사를 쉽게 익힐 수 있다는 점이 게임의 숨은 장점 중 하나이다.

이 게임의 가장 큰 매력은 혹시 수행하지 못할 것 같은 미션이 나와도 전혀 걱정할 필요가 없다는 점이다. 임무를 수행하지 못할 거 같을 때 "I can't do that"을 외치고 포기해도 되기 때문이다. 게다가 그렇게 끝나는 것이 아니라 다시 미션 카드를 뽑을 기회가 주어져 새롭게 카드를 뽑고 할 수 있을지 없을지를 재차 판단하면 된다. 할 수 있는 게 나올 때까지 얼마든지 다시 뽑을 수 있지만 33장의 카드 중 6장은 '꽝'에 해당하는 STOP 카드이므로 카드를 계속 뽑는 게 마냥 좋은 전략만은 아니다.

Dropped 'T'

아이 캔 두 댓 게임은 활동적인 걸 좋아하는 남학생들이 몸을 이용해 자유롭게 놀게 할 목적으로 샀던 게임이다. 현재는 예능 프로그램에서도 종종 나와 유명해진 트위스터 게임을 했을 때 몸이 얽히고설켜 꼬여가는 재미에 행복한 비명을 지르던 아이들의 모습이 인상적이었기 때문이다. 영어 도서관에 다니던 아이들이라 닥터 수스를 이미 알고 있어 아이 캔 두 댓은 더욱 환영받는 게임이기도 했다.

이 게임은 주어진 미션에 따라 할지 말지를 선택하기만 하면 되어 다섯 살 전후의 아이들도 할 수 있을 만큼 게임 방식이 매우 쉽고 간단하다. 재밌는 건 어릴수록 곧이곧대로 '할 수 있다'와 '할 수 없다'를 신중하게 선택하는 데 반해, 고학년일수록 선택의 순간마다 능글맞은 연기를 펼친다는 것이다. 할 수 없는 것도 일부러 "I can do that"이라고 말하며 호기롭게 도전하기도 하고, 할 수 있는 일도 "I can't do that"이라고 외치며 카드를 새로 뽑는 아슬아슬함을 즐기기도 하면서 말이다. 말 그대로 '할 수 있다'와 '할 수 없다'의 경계를 무너뜨린 것이다. 이 게임을 하면서 가장 놀랐던 부분이 바로 이 지점이다. 규칙이 '할 수 없다'를 허용하는 순간 할 수 있고 없고의 경계가 무너지면서 할 수 없는 일에 도전해보는 용기도 생기고, 할 수 있는 일도 덥석 물지 않고 심사숙고하는 신중함도 생겼다.

게임에서와는 달리 현실에서는 '할 수 없다'라는 말을 무능력이나 무책임으로 치부하는 분위기 탓에 자존심 때문에라도 꾸역꾸역 그 말을 속으로 밀어 넣곤 한다. 고유한 적성이나 재능과 상관없이 천편일률적인 방향으로 '할 수 있다'만을 강요받는 듯 보인다.

인간은 각자 잘하는 게 있게 마련이고 그것을 우리는 재능이라고 부른다. 얼마나 잘 쓰이냐에 따라 재능은 더 빛이 나고 사람은 제 역할에 더 충실할 수도 있게 된다. 그것을 고려하지 않고 모두에게 같은 역할을 주고 똑같은 성과를 내라고 하는 건 비효율이고 때론 수행이 불가능하다.

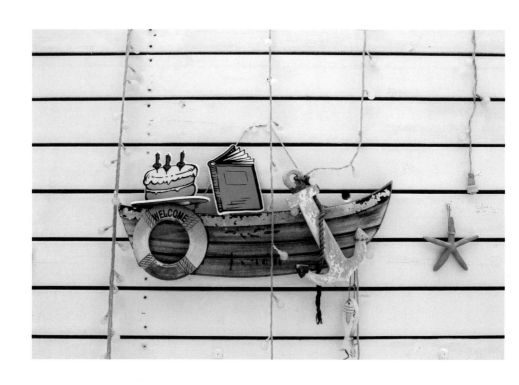

이 게임의 가장 큰 매력은 혹시 수행하지 못할 것 같은 미션이 나와도
전혀 걱정할 필요가 없다는 점이다.
임무를 수행하지 못할 거 같을 땐 "I can't do that"을 외치고 포기해도 되기 때문이다.

그런 비효율을 막기 위해서라도 아이 캔 두 댓 게임에서처럼 "할 수 없다"라고 말할 수 있는 분위기는 얼마든지 허락되어야 한다. 그래야 "할 수 있다"라고 말할 수도 있기 때문이다.

영어 발음 규칙 중에 n 다음에 나오는 t를 탈락시켜 발음하지 않는 'Dropped T'라는 규칙이 있다. 원어민이 발음하는 can과 can't가 거의 똑같이 들리는 이유다. 둘의 발음처럼 '할 수 있다'와 '할 수 없다'는 한 끗 차이다. 할 수 있고 없고를 양극단에 둘 게 아니라 그 경계를 무너뜨려야만 가장 잘 해낼 수 있는 일을 찾을 수 있단 사실을 명심해야 한다.

Tips for Honey

아이 캔 두 댓은 권장 나이가 4세 이상인 만큼 남녀노소 모두 쉽게 참가하고 즐길 수 있는 게임이다. 몸동작을 성공시키기만 하면 된다는 점에서 유독 아이들에게 사랑받는 게임이기도 하다.

도구들이 어린이 체구에 맞춰 제작된 관계로 부모가 시도할 땐 본의 아니게 몸개그로 화기애애함을 끌어낼 수 있어 파티게임으로도 매우 적합하다.

픽셔너리
PICTIONARY

 3명 이상

 약 30분

 8세 이상

그림 사전 이야기

픽셔너리의 히스토리

1985년 최초로 픽셔너리를 개발한 로버트 엔젤은 단조로운 일상에서 재미를 추구하다 하루아침에 보드게임 발명가로 이름을 알리게 된 인물이다. 시애틀에서 평범한 웨이터로 일하던 그는 퇴근 후 친구들과 좀 더 새로운 형식의 보드게임을 즐기기 위해 여러 가지를 구상한 끝에 사전에서 고른 단어를 그림으로 그려 스피드 퀴즈를 하는 형식을 생각해 냈다. 그것이 바로 오늘날의 픽셔너리의 원조이며, 훗날 '그림Picture과 사전Dictionary이 만난 보드게임'이란 뜻을 담아 '픽셔너리Pictionary'라는 이름으로 출시되었다.

픽셔너리는 해즈브로 사를 거쳐 2001년 메텔 사로 소유권이 이전되던 당시에만 45개 언어로 번역되어 60개국으로 퍼져나갈 만큼 큰 인기를 끌었다. 특히 미국의 토크쇼 〈더 투나잇 쇼〉에서는 유명인들이 나와 게임을 하며 큰 웃음을 터트리는 코너로 인기를 끌기도 했다.

픽셔너리는 보드게임 역사상 최초로 그림으로 설명하는 방식을 채택한 보드게임으로도 유명하다. 그림 설명 방식이 크게 인기를 끈 뒤에 비숫한 게임들이 잇따라 개발되었는데, 크래니움과 스퀸트, 후 왓 웨얼, 텔레스트레이션 등이 그것들이다.

게임 방법은 종류에 따라 차이가 난다. 오리지널 버전은 게임판, 모래시계, 주사위, 말 2개, 카테고리 카드 4장, 단어 카드 120장으로 구성된다. 이 게임은 2 대 2 팀전으로 1명은 그림을 그려 단어를 설명하고, 나머지 1명은 그림을 보고 정답을 맞혀야 한다. 주사위를 굴려 보드에 말을 이동한 뒤 단어 카드 1장을 뽑고 보드의 칸 색과 일치하는 색의 단어를 골라 그림을 그려 설명하고 정답을 말하면 된다. 제한 시간 안에 정답을 최대한 많이 맞히는 게 목표이며, 오답을 말했을 땐 즉시 차례가 상대 팀으로 넘어간다. 이런 식으로 먼저 보드 위 결승점에 도착한 팀이 이긴다. 이를 단순화한 여행용 버전은 그림 카드를 나열해 설명하는 방식으로 규칙이 변형되었다. 직접 그리는 대신 그림이 그려진 카드들을 나열해 설명해야 하는 방식이라 설명에 한계가 생겨 그 점이 더 웃음을 유발하기도 한다.

이것은 그림인가? 사전인가?

픽셔너리는 언어란 무엇이고 어디까지가 언어의 범위인지 한 번쯤 생각해보게 만드는 게임이다. 정확한 의미의 음성이나 문자가 포함되어 있지는 않지만, 그림을 그려 설명하는 방식으로 의사소통이 이루어진다는

'그림Picture과 사전Dictionary이 만난 보드게임'이란 뜻을 담아
'픽셔너리Pictionary'라는 이름으로 출시되었다.

점이 언어 사용으로 보이기 때문이다.

　한번은 여행용 픽셔너리에 있는 그림 카드 중 삼각형, 사각형, 줄무늬를 이어 붙여 아이들에게 보여준 적이 있는데, 아이들은 그것만 보고도 그 즉시 '오징어'라는 정답을 외쳤다. 사전적 의미로서의 오징어가 '연체동물문 두족강 갑오징어목과 살오징어목의 일부 종들을 통틀어 이르는 말'인 걸 감안하면 픽셔너리는 사전보다 더 직접적인 전달력을 가졌다고도 볼 수 있다.

　게다가 스위스의 언어학자 소쉬르가 주장한 언어의 개념에도 픽셔너리는 꼭 들어맞는다. 그는 언어를 크게 랑그^{Langue}와 빠롤^{Parole}로 나눴는데, 랑그는 사회적 언어로서 문법 같은 언어 체계나 규칙을 뜻하고, 빠롤은 개인의 언어로서 랑그를 익혀 사람들이 실제로 쓰는 말을 일컫는다. 이를 픽셔너리에 대입하면 그림을 그려서 설명하는 규칙은 랑그, 그것을 보고 무엇인지 이해하는 행위는 빠롤인 것이다. 이는 픽셔너리가 언어라는 또 다른 증거가 아닐까 싶다. 픽셔너리 게임의 백미는 그 방식이 재미있어 앞다퉈 그림 카드를 가지고 설명하기를 원한다는 것인데, 가장 적극적인 형태의 흥겨운 언어라고 칭하고 싶을 정도다.

사실 픽셔너리가 언어이든 아니든 그것은 중요하지 않다. 다만 우리가 집중해야 할 것은 어떻게 엉성한 그림만으로 소통이 가능하냐는 점일 것이다. 이유는 픽셔너리를 하는 태도에서 찾을 수 있다. 한 사람은 무엇을 말하고자 하는지 전달하기 위해 정성껏 그림을 그리고, 다른 한 사람은 무엇을 뜻하는지 이해하기 위해 충실히 그림을 바라본다. 서로에게 진심으로 관심을 기울이는 것이다. 예컨대 현실에서 정확한 시제와 완벽한 문법을 써서 말을 했는데도 말이 통하지 않아 답답하다면, 그때가 바로 픽셔너리를 할 때처럼 온 관심을 기울여야 할 순간일 것이다.

Tips for Honey

픽셔너리는 단어나 문장 등을 무한정 추가할 수 있으므로 각자의 취향에 맞는 주제어를 출력해 즐기기를 권한다.
또한 이를 응용하여 속담이나 영화 제목 등을 그림 대신 몸동작으로 설명하는 게임도 추천한다. 일명 '몸으로 말해요' 같은 예능 코너에서처럼 특별한 준비물 없이도 다양한 방식의 소통을 체험할 수 있다.

6장

추리력과 상상력
Inference, Imagination

클루

피버

게스 후?

헤드밴즈

초콜릿 픽스

더 뉴요커 카툰 캡션 게임

배틀쉽

클루
CLUE

 2~6명

 약 40분

 7세 이상

 멘사 선정(1991년)

단골을 만들어주는 단서

클루의 히스토리

클루는 대저택 안에서 벌어진 살인 사건의 용의자를 찾아내는 추리 게임의 대명사이다. 게임명이 '단서', '실마리'를 뜻하는 '클루^Clue'라는 것에서도 짐작할 수 있듯이 주어진 몇 개의 단서들을 가지고 추리를 통해 '누가, 어디에서, 어떤 도구로' 살인 사건을 저질렀는지 맞혀야 한다.

클루는 1949년 영국의 앤터니 E. 프랫이 개발하고 해즈브로 사에서 처음 발매된 이후 지금까지 세계에서 가장 많이 팔린 보드게임 Top 3에 꾸준히 오를 정도로 많은 사랑을 받고 있다. 그 인기에 걸맞게 클루는 그동안 여러 가지 버전으로 다양하게 변형되고 발전되어 왔는데, 특히 셜록과 해리포터, 심슨 등 유명한 캐릭터와 협업한 형태로 다수 발매되었다.

게임은 6명의 용의자, 6개의 흉기, 9개의 장소가 적힌 카드를 각각 잘 섞은 다음 보이지 않게 1장씩 뽑아 총 3장을 기밀 봉투에 넣고 시작한다. 기밀 봉투에 들어 있는 용의자와 흉기, 장소가 이제부터 밝혀내야 하

는 사건의 진실이다. 나머지 카드는 다시 잘 섞어 모든 참가자가 똑같이 나눠 갖고, 그래도 남은 카드는 공개한다. 원하는 말을 골라 시작점에 놓고, 주사위를 던져 나온 수만큼 말을 움직여 9개 장소 중 한 곳에 도착할 때마다 도착한 장소를 포함한 용의자와 범행 도구를 추리하면 된다.

  예를 들어 심슨 클루 버전의 경우 한 참가자가 "'리사 심슨'이 '스튜디오'에서 '도넛'으로 살해했다"라고 추리하면 리사, 스튜디오, 도넛 카드를 가진 다른 참가자들이 추리한 사람에게 해당 카드 1장을 단서로 보여줘야 한다. 이때 자신이 보게 된 카드는 알리바이가 성립되는 것들이므로

추리 노트에 사건과 무관하다고 표시해 단서를 좁혀 나간다. 다른 참가자들의 단서 역시 기록해야 정답의 확률을 높일 수 있다. 누적된 단서를 종합해 최종적으로 용의자, 장소, 흉기를 모두 맞히면 승리한다.

클루는 제작 시기나 캐릭터에 따라 규칙이 다소 차이가 나는데, 보드에 물음표가 있다면 보너스 카드를 쓸 수 있는 칸이라는 뜻이고, 보드 중앙에 클루 칸이 있다면 추리에 성공한 우승자가 입성하는 칸이란 뜻이다. 게임 시작 전에 각자가 가진 설명서를 꼼꼼히 살펴보자.

단서가 쌓이면 정보와 데이터가 된다

클루에는 2가지 팁이 있다. 하나는 비밀 통로를 이용하는 것이다. 주사위를 던지는 대신 통로를 이용해 다른 장소로 바로 이동할 수 있어 시간이 단축된다. 또 하나는 의도적으로 자신이 가지고 있는 카드를 추리 문장에 넣는 것이다. 예를 들어, 바트 심슨과 권투 글러브 카드를 가지고 있을 때 "바트 심슨이 권투 글러브로 마트에서 살해했다"라고 말하면 마트 카드가 단서로 나오자마자 마트를 범행 장소에서 즉각 제외할 수 있기 때문이다.

이처럼 클루는 단서가 쌓여 정보가 되고, 그 데이터를 기반으로 추리를 완성하는 게임이라 얼마나 빠르고 정확하게 단서를 취합하느냐가 관건이다.

게임명이 '단서', '실마리'를 뜻하는 '클루'라는 것에서도 짐작할 수 있듯이
주어진 몇 개의 단서들을 가지고 추리를 통해
'누가, 어디에서, 어떤 도구로' 살인사건을 저질렀는지 맞혀야 한다.

단골과 단서의 상관관계

보드게임이 있는 영어 도서관을 운영할 때 나는 재미있는 사실을 하나 발견했다. 《Nate the Great》나 《A to Z Mysteries》 같은 추리 소설 챕터북을 좋아하는 아이들일수록 클루 게임을 선호하는 경향을 보였다는 점이다. 아마도 클루 게임에서 몇 안 되는 단서들을 가지고 범인을 찾아내는 과정이 추리 소설을 읽을 때의 과정과 닮아서였을 것이다. 게다가 클루 게임에는 추리 소설의 4대 요소라 불리는 사건, 범인, 탐정, 추리가 온전히 배어 있고, 살인이라는 극의 몰입도를 최고치로 높이는 극단적 설정까지 배치했으니까 말이다.

추리 소설에 사람들이 열광하는 이유는 작가가 켜켜이 설정해놓은 미스터리한 사건을 두고 오감과 심지어 촉까지 동원해 단서를 찾고 실마리를 찾아내 문제를 풀어내는 해결 본능이 좋아서일 것이다. 마치 책을 사이에 두고 작가와 쟁쟁하게 두뇌 싸움을 펼치는 것 같은 팽팽한 긴장감과 후반부에 가서야 간신히 파악되는 해결 조짐이 세포마저 쾌감으로 떨게 하기 때문이다. 이 거부할 수 없는 단서의 매력을 그대로 옮겨 놓았으니 클루가 세계 곳곳에서 보드게임 역사에 돌풍을 일으킨 것도 어쩌면 당연하다.

단서는 추리 소설이나 클루뿐만 아니라 우리 삶에서도 중요한 실마리를 제공한다. 이를 통해 인간의 내면과 복잡한 상황을 읽어낼 수 있기 때문이다. 대학교에 다닐 때 수강한 국문학 수업 내용에 따르면, 단골은 원래 무당이 사는 산골짜기를 뜻하는 '당골'에서 유래했다. 사람들이 무당을 찾아가는 횟수가 빈번해지니, 아예 사람들이 자주 찾는 장소를 '당골'이라고 부르게 된 것이다. 여기서 중요한 건 왜 사람들이 무당을 자주 찾아갔냐는 것이다. 그 이유는 무당이 단서를 제대로 활용했기 때문이다. 찾아오는 사람들이 흘리고 가는 주변의 이야기나 통계적으로 많이 묻는 내용들을 단서로 취합해 데이터로 간직하고 있다가 다음 손님에게 이를 적용하면 적잖이 용하다는 반응을 얻었을 것이다. 결국 단서가 쌓이면 결정적 정보가 되고, 때로는 단골도 만든다.

클루에서 단서는 상대가 보여주는 카드 속에만 있는 것이 아니라 참여자들의 표정, 숨소리에서도 찾을 수 있다. 심지어 실수나 실언이 결정적 단서가 될 때도 있으므로 모든 상황을 주의 깊게 포착하는 게 중요하다. 이렇게 단서를 잘 활용한다면 누구나 클루의 명탐정이 되어 사건의 실마리를 찾아내 문제를 해결할 수 있을 것이다.

Tips for Honey

클루는 규칙의 짜임새가 훌륭해 몇 번 하다 보면 추리력이 좋아지는 기분이 든다. 추리력이란 주어진 단서들을 종합하여 분석한 뒤 결과를 예측하는 능력이기 때문에 정확한 기록이 우선되어야 한다.
이때 게임의 구성품으로 들어 있는 기록지를 활용해도 되지만, 빈 메모지에 자신만의 방식으로 분석해 기록하는 것도 또 다른 재미가 있다.

피버
FIBBER

 3~4명

 약 20분

 7세 이상

완벽한 속임수

피버의 히스토리

2012년 스핀 마스터 사에서 발매한 피버는 능청스러운 연기에도 속지 않고 거짓말쟁이를 찾아내는 거짓말 탐지기 놀이 같은 게임이다. 때로는 어설픈 연기력과 어수룩함 이면에 숨겨진 반전이 기다리고 있어 웃음과 스릴을 만끽할 수 있다. '거짓말쟁이'라는 뜻을 가진 피버Fibber 게임은 거짓말이 탄로 날 때마다 코가 길어지는 벌칙을 받아야 해서 '피노키오 게임'이라고 불리기도 한다.

구성품으로는 다섯 종류의 캐릭터 카드(빅풋/고스트/위치/드래곤/에일리언)가 각각 4장씩, 조커 카드인 와일드 카드 그리고 캐릭터가 그려진 원형 보드판이 하나 있다. 코가 달린 안경 4개와 코에 끼울 수 있는 코컵은 총 11개 들어 있다. 알록달록한 구성품과 귀여운 캐릭터는 아이들의 흥미를 유발하기에 좋다. 참가자는 모두 코가 달린 안경을 쓴 뒤 코에 끼울 수 있는 회색 컵을 보드 위의 빅풋 자리에 두고 게임을 시작한다.

카드를 똑같이 나눠 가진 후 첫 플레이어는 카드를 보이지 않게 내려

FIBBER

FIBBER & ® SPIN MASTER LTD. ALL RIGHTS RESERVED.
MADE IN CHINA. T34545_0003   053204 MEN PG 7 IN, WT

놓으며 '몇 장'의 '회색 컵이 놓인 보드 위 캐릭터'를 봤다고 말하면 된다. 예를 들어 "내가 본 건 빅풋 2장"이라고 말하면 되는데, 이때 필요한 건 연기력이다. 아무 카드 2장을 내도 상관없으므로 진실인지 거짓인지 최대한 가려낼 수 없도록 연기를 잘해야만 게임이 흥미진진해진다. 이 때 카드가 진실이라고 생각하면 그냥 넘어가면 되고, 거짓 카드를 냈다고 생각하면 거짓말쟁이란 뜻의 '피버'를 외치면 된다. 여기서 낸 카드가 진실이라면 피버를 외친 사람이 컵 하나를 코에 끼워야 한다. 반대로 카드가 거짓이라면 카드를 낸 당사자가 컵 하나를 코에 끼워야 한다. 거짓말을 할 때마다 코가 길어지는 피노키오처럼 혹독한 대가를 치르게 된다.

여기서 끝이 아니다. 코에 컵을 끼운 사람은 벌칙으로 중앙에 내려놓은 카드를 모두 가져와야 한다. 다음 플레이어가 보드 위의 회색 컵을 다음 캐릭터 칸으로 옮긴 후 같은 방식으로 다음과 같이 게임을 이어간다.

"내가 본 건 고스트 3명이야." "나는 드래곤 한 마리를 봤어."

게임을 하다 코가 너무 길어진 것 같으면 당황하지 말고 손에 들고 있던 카드를 모두 내려놓는 전략을 짜면 된다. 이것이 성공하면 코에 끼웠던 컵을 다 내려놓을 수 있다. 이때는 카드를 없앤 사람만 컵을 빼서 되돌려놓은 뒤 나머지 참가자 전원의 카드를 모아 섞은 다음 처음부터 게임을 다시 시작한다. 테이블에 있던 컵이 다 없어지면 경기가 종료되며 코가 가장 짧은 사람이 우승자가 된다.

'거짓말쟁이'라는 뜻을 가진 피버 게임은
거짓말이 탄로 날 때마다 코가 길어지는 벌칙을 받아야 해서
'피노키오 게임'이라고 불리기도 한다.

인생에서 피버를 외쳐야 하는 이유

피버 게임에서 거짓말쟁이가 되지 않기 위해서는 아이러니하게도 거짓말을 잘해야 한다. 거짓말을 잘해야 가짜 카드도 진짜인 척 태연하게 내려놓을 수 있고, 진짜 카드를 내고도 일부러 당황하는 듯한 거짓 연기로 상대한테 '피버'를 유도해낼 수 있기 때문이다. 게임이 진행될수록 모두가 완벽한 거짓말을 계획하게 되고, 그럴수록 누구의 말이 진실인지 가려내기가 힘들어지지만, 그것이 이 게임의 매력이기도 하다.

문제는 나름의 확신으로 '피버'를 외쳤는데 그것이 상대가 유도한 함정일 때 발생한다. 속은 것도 모자라 내 코가 더 길어지기 때문이다. 이때부턴 아예 의심하지 말자거나 거짓말이 확실해보여도 '피버'를 외치지 않는 게 낫지 않을까, 하는 내적 갈등이 생긴다. 이러한 고민 끝에 더 이상 아무도 피버를 외치지 않는다면 코가 길어질 염려는 없을지 몰라도 거짓을 파헤치는 짜릿함이 사그라들어 게임의 재미가 시들해지고 만다.

연기가 어설픈 아이들과 이 게임을 할 때는 더욱 그런 상황에 자주 직면하게 된다. 아이들은 가짜 카드를 내야겠다고 생각하는 순간부터 여지없이 표정에 긴장감이 드러나기 일쑤라 거짓을 말하는 족족 들키기 때문이다. 그런 이유로 피버에서 아이들이 어른을 상대해낼 재간은 사실상 없다고 해도 과언이 아니다. 특히 나의 남편처럼 아이들이 거짓 카드를 낼 때마다 봐주지 않고 '피버'를 외친다거나 탁월한 연기로 아이들에게 '피버'를 외치게 만드는 상대가 낀다면 말이다. 이런 상황이 반복되면 아이들은 당연히 '피버'를 외칠 때 주저하게 되고, 그때부터는 상대가 거짓말을 하는 것 같아도 확실치 않은 상황에 모른 척 침묵하며 넘어갈 수 있다. 그럴수록 피버들의 연기는 대범해져만 갈 것이다.

현실에서는 또 어떨까? 우리가 거짓을 보고도 못 본 척한다면 거짓을 말하는 사람의 연기는 더욱 교묘해질 것이다. 문제 행동에 대해 경고를 받은 적이 없기 때문에 거짓말에 자신감이 생긴 것이다. 거짓말을 반복해서 하다 보면 스스로도 진실처럼 믿게 될 수도 있다. 이는 비단 게임판에서만이 아니라 언론, 정치, 경제, 사회 어디에나 적용되는 얘기다.

우리가 게임을 할 때뿐만 아니라 살면서 피버를 외쳐야 하는 이유가 여기에 있다. 매사 의심만 하며 살 수는 없는 노릇이지만 속임수를 보고도 외면해버린다면 갈수록 속임수가 판치는 세상이 될 것이다. 내 코가 길어질 위험 부담을 감수하고서라도 '피버'를 외칠 수 있는 용기 있는 사람만이 거짓말을 막고 세상을 바꿀 수 있다. 게임에서 누군가 거짓말인 것 같은 낌새만 보여도 가차 없이 '피버'를 외칠 때 가짜 카드를 내려던 손이 약간은 더 움찔하듯, 우리 사회도 거짓말을 쉽게 눈감아주지 않는 분위기가 만들어져야 세상의 모든 속임수도 조금이나마 줄어들 것이다.

Tips for Honey

간단한 규칙이지만 처음 하는 아이들이 잘 이해하지 못하면 규칙을 단순화시켜보는 것이 좋다. 원래의 규칙이라면 내려놓는 카드의 수에 제한이 없지만, 처음엔 아이들이 이를 혼란스럽게 느낄 수 있으므로 일률적으로 1장씩 내려놓도록 하는 것도 방법이다.

게스 후?

GUESS WHO?

 2명

 약 20분

 5세 이상

뛰는 추리 위에 나는 추리

게스 후?의 히스토리

게스 후?는 1979년 이스라엘의 테오라 디자인 사가 개발한 추리 보드 게임이다. 이 회사는 장난감, 보드게임, 인형, 공예품, 소설 등을 다양하게 개발해온 기업으로, 189개 이상의 새로운 콘셉트를 만들어내 상품에 적용한 것으로 유명하다. 대표적으로 게스 후?를 비롯한 징고, 큅스, 빙고 링크 등이 테오라의 디자인 개념이 적용된 보드게임들인데, 이 가운데 게스 후?는 '예/아니요'로 대답할 수 있는 질문을 통해 상대가 고른 인물을 찾는 게임이다.

여기엔 '바이너리 서치Binary Search'라는 수학 원리가 적용됐다. 바이너리 서치란 이진 탐색, 즉 집합을 두 묶음으로 나눈 뒤 하나를 선택해 집합의 크기를 줄여나가는 방식으로 답을 찾는 탐색법이다. 질문이 반복될수록 집합의 범위가 줄어들기 때문에 필연적으로 정답을 찾아낼 수 있다. 가령 1부터 10까지의 수 중에서 상대방이 고른 숫자 하나를 찾으려고 할 때 "5보다 큰가요?"라는 질문으로 집합을 두 부분으로 나눈 뒤 대답이 "네"였다면 "8보다 작은가요?"라고 질문해 정답의 범위를 더 좁

히는 식이다.

　이 게임은 두 사람이 마주본 상태에서 자신의 앞쪽에 놓인 장치에 인물 판을 끼운 뒤 각자 한 명씩 인물을 선택하고 질문을 주고받아 상대방

의 인물을 먼저 찾아내는 게 목표이다. 인물 판에는 24명의 인물이 각각 위아래 두 영역으로 나뉘어 그려져 있는데, 윗부분은 내가 고른 인물을 표시하는 영역이고 아래는 상대가 고른 인물을 추리하는 데 활용하는 영역이다.

게스 후?는 '예/아니요'로 대답할 수 있는 질문을 통해 상대가 고른 인물을 찾는 게임이다.
여기엔 '바이너리 서치Binary Search', 즉 이진 탐색이라는 수학 원리가 적용됐다.

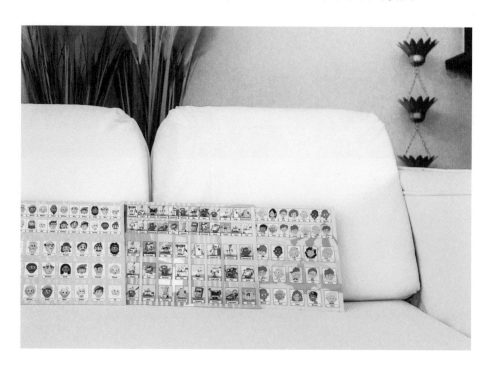

장치 아래쪽에 24명의 인물이 있는 판을 모두 연 상태로 게임이 시작되며 번갈아 이진 탐색법으로 질문해 정답이 아닌 인물의 판을 덮어 범위를 좁혀 나가면 된다.

예를 들어 "당신이 선택한 사람이 남자인가요?"라는 질문에 상대방의 대답이 "아니요"라면 여자를 선택했다는 뜻이므로 남자 위에 있는 판을 모두 덮는 식이다. 계속해서 "그 사람은 금발인가요?" "안경을 썼나요?" 등 질문이 이어질수록 점점 판이 덮여가므로 최종적으로 남은 한 사람이 상대가 지목한 인물이라는 걸 알 수 있다. 안타깝게도 밝혀낸 인물이 오답이라면 상대방이 승리하게 되니 매번 오류가 없도록 추리하는 게 중요하다.

이진 탐색은 분명 간단한 방식이지만 오답을 많이 걸러내는 분류 방식을 정확히 이해하지 못하면 오히려 독이 될 수도 있다. 예를 들어 "여자인가요?"라는 질문으로는 절반가량의 오답을 걸러낼 수 있지만, "귀걸이를 한쪽만 했나요?"라는 질문으론 1~2개의 오답밖에 걸러내지 못해 비효율적인 질문이 될 수 있다는 뜻이다.

이 게임은 보통 간발의 차이로 승부가 나기 때문에 한 번의 질문으로 되도록 많은 오답을 찾아내는 것이 중요하다. 특히 주의를 집중해서 보드를 보아야 하고, 상대방 보드 속 인물을 맞히기 위해 다양한 질문을 해야 하니, 집중력과 추리력을 높이는 데 도움이 된다.

"Guess Who?" vs "Guess Why?"

만약 현실에서 "너 내가 누군지 알아?"라는 말을 듣는다면 누군지 알고 싶다는 마음이 들기는커녕 당장 그 자리를 피하고만 싶을 것이다. 보나 마나 그런 질문을 하는 사람이라면 분명 무례한 사람일 테니까 말이다. 하지만 게스 후?에서만큼은 "Guess Who? (내가 누구인지 맞혀볼래?)"라는 질문에 서슴없이 "네!"라고 답하며 '누구 찾기'에 열중하게 된다.

나의 정체를 들키지 않으면서 동시에 질문을 통해 상대방의 정체를 유추해 나가는 방식이라 한 발이라도 상대보다 추리가 앞서는 게 관건이다. 상대가 나의 정체를 알겠다는 듯이 오답 판을 자신만만하게 닫는 소리가 들리면 마음이 급해지기 때문이다.

주목할 만한 사실은 게스 후?에서 모두가 '누구'를 알아내기 위해 몰입하던 그때 다른 누군가는 '누구'를 넘어 '왜'를 알고 싶어 했다는 점이다. 지금처럼 확장판이 나오지 않았던 최초 버전에는 보드 위에 그려진 24명의 인물 중 백인이 아닌 사람은 1명밖에 없었다고 한다. 이를 누군가 지적한 덕분에 현재의 인물 판은 다양한 인종들이 등장하는 것으로 변경되었는데, '누구'를 추리하기도 바쁜 시간에 '왜 인종의 비율이 다른가?'하는 의문을 품은 사람이 있다는 사실은 경이로운 대목이다.

2012년엔 인물 판의 남녀 성비에 대한 의문을 제기한 사례도 있었다. 24명의 인물 중 남자는 19명, 여자는 5명인 것을 두고 미국에 살던 여섯 살 소녀가 "왜 여자보다 남자가 더 많이 그려진 것이냐"며 발매사 해즈브로에 문의를 남긴 것이다. 해즈브로 사는 성별이 아닌 헤어스타일,

안경 착용 유무 등의 특징을 비율로 넣다 보니 그렇게 됐다고 해명했지만 이를 의식한 것인지 이후 일부 제품에는 여성의 수를 늘렸다. 이 점이 더욱 놀라웠던 건 나 역시 남자 19명과 여자 5명이 그려진 인물 판을 가지고 있는데 한 번도 '왜?'라는 의문을 가져본 적이 없기 때문이다. 그 어린아이도 찾아낸 걸 말이다.

게스 후?에서조차 단순히 누구 찾기에 머무르지 않았기에 게임이 보완되었듯이 현실에서도 '왜 그럴까?'라고 의구심을 품고 문제를 제기하고 함께 고민할 때 사회가 안주하지 않게 된다. '왜 유색 인종은 1명뿐일까?'라는 문제의식 덕분에 인종을 바라보는 스펙트럼은 넓어지게 되었고, '왜 남녀의 수가 다를까?'라는 의구심 덕분에 성차별에 대한 인식을 환기하게 된 것처럼 현실에서도 무심코 넘어갈 수 있는 문제들을 다시 한 번 생각하고 고민하는 자세가 필요하다. 그 자체가 문제해결의 시작이다.

Tips for Honey

게스 후?는 클래식 버전 외에도 스타워즈, 디즈니, 마블, 축구선수, 추억의 미국 프로 레슬링 WWF 등의 다채로운 버전이 있어 선택의 폭이 넓은 게임이다.
어떤 버전을 선택하더라도 정답을 찾기 위한 질문은 그 패턴이 'Is he/she…?' 'Does he/she have…?' 등으로 일정해 영어로 기본 의문문을 훈련할 때 유용하다.

헤드밴즈
H E D B A N Z

 3명 이상

 약 60분

 6세 이상

하브루타 질문법

헤드밴즈의 히스토리

가족 게임의 정석이라 할 수 있는 헤드밴즈는 머리띠에 꽂혀 있는 카드 속 그림을 맞히는 게임으로, 스무고개와 비슷하다. 1991년 스핀 마스터 사에서 만든 헤드밴즈는 카드를 끼울 수 있는 6개의 머리띠와 타이머, 74장의 I am 카드와 6장의 질문 샘플카드 같은 구성품으로 이루어져 있다.

헤드밴즈는 막연하고 맥락이 없는 상황에서 답을 찾기 위해 추리력과 논리력, 연상력을 총동원해야 하는 스무고개의 재미는 살리되, 카테고리를 제한하고 있어 어린이들의 부담을 덜어준다.

게임은 각자 카드를 끼울 수 있는 머리띠를 하는 것으로 시작한다. 카드를 잘 섞은 다음 각자 1장씩 골라 내용을 보지 않도록 주의하면서 자신의 머리띠 앞쪽에 꽂는다. 이렇게 하면 카드가 자기를 제외한 다른 사람들에게만 보인다. 카드를 꽂았다면 내 카드의 정체를 알고 있는 다른 사람들에게 여러 가지 질문을 던져 자신의 카드를 유추해 나가면 된다. 질문을 받은 사람은 스무고개에서처럼 오직 "예" 또는 "아니요"로만 대답해야 하고, 한 사람에게 한 번씩만 질문할 수 있다. 타이머가 없는 경우

모래시계 등을 활용해서 시간제한을 두면 좀 더 긴장감 있게 진행할 수 있으며, 자신의 카드가 무엇인지 먼저 알아내는 사람이 경기에서 이긴다.

질문의, 질문에 의한, 질문을 위한

여섯 살이던 둘째 아들과 헤드밴즈를 하면서 경험한 재미있는 일화가 하나 있다. 당시 나는 "살아있습니까?" "네." "날개가 있습니까?" "네." 여기까지 듣고 정답이 새의 종류일 것이라 추측했다. 회심의 일격으로 "새입니까?"라고 물었더니 뜻밖에도 아이가 "아니요"라고 답해 나는 당황하고 말았다. 날아다니는 생물이 새 말고 또 무엇이 있을까 궁리하다 마침내 떠올랐다는 표정으로 "곤충입니까?"라고 묻자 또다시 "아니요"라는 대답이 돌아왔다. 몸부림치며 궁금해하는 엄마가 안쓰러웠는지 아이는 너그러운 표정으로 "검은색인데 엄마는 아마 징그럽다고 할 거예요."라고 힌트를 췄고 나는 그제야 "박쥐"라고 정답을 맞힐 수 있었다. 격의 없이 묻고 또 묻는 엄마의 귀여운 갈망이 아들의 마음을 움직인 모양이다.

　헤드밴즈에는 이처럼 오직 답을 알아내려고 던지는 순도 높은 질문이 들어 있다. 지적 호기심에 해당하기도 하고 사고력을 키워주는 진정한 의미로서의 질문이기도 할 것이다. 이러한 순도 높은 질문이 중요한 건 단지 답을 갈구하는 에너지가 들어 있기 때문만은 아니다. 거기엔 수평의 질서 속에서 자유롭게 질문하고 너그럽게 대답하는 게 가능해져 자연스럽게 해답에 가까워지는 것이다. 마치 일상의 편하고 자연스러운

대화에서 우연히 해답을 얻게 되는 것처럼.

이는 우리나라에서도 주목받는 유대인의 토론 방식 하브루타와 닮았다. 하브루타에서는 열린 마음으로 자연스럽게 질문과 답을 주고받을 것을 강조한다. 헤드밴즈에서의 질문처럼 답을 찾기 위한 순수한 갈망과 수평적 분위기가 질문의 가치를 더욱 빛나게 하고 답을 찾게 해준다는 사실을 알려주는 것이다.

순도 높은 질문의 힘이 이렇게 대단한데 우리 사회의 질문은 여전히

헤드밴즈는 머리띠에 꽂혀 있는 카드 속 그림을 맞히는 게임으로,
스무고개와 비슷하다.

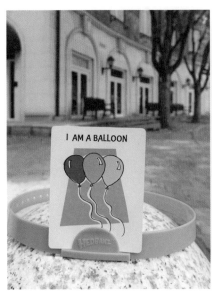

경직되어 있다. 특히나 부모와 자식, 선생님과 학생, 직장 상사와 부하 직원 등 위계가 형성된 관계일수록 자연스러운 질문이 허락되지 않아 자칫 순도 높은 질문의 힘을 놓치고 마는 것이다. 이 가치를 놓친다면 우리는 질문을 두려워하는 정적 속에서 제자리걸음을 반복하거나 퇴보하게 된다.

지금은 우리나라가 IT 강국이지만 곧 정체기가 올 것이라고 경고하는 기사를 본 적이 있다. 기사에 실린 IT 업계 종사자의 인터뷰 내용이 기억에 남는다. "우리는 뭐든지 다 만들 수 있습니다. 그런데 무엇을 만들어야 하는지 모르겠습니다." 기술을 습득하는 능력은 뛰어나지만, 그 기술을 왜, 무엇을 위해 배우는지에 대한 질문을 해보지 않았기에 추격에는 능해도 리드하지 못하는 게 아닐까?

엄숙한 분위기 탓에 질문을 던지고 답을 찾는 시간이 생략된다면 배움이나 기술에도 동력이 사라지고 만다. 질문엔 언제나 길이 있고, 이 길을 찾기 위해 질문은 계속되어야 할 것이다.

Tips for Honey

입문자를 위한 예제 질문 카드가 있어서 '나는 동물인가요?' '나는 음식인가요?' '나는 물에서 사나요?' '나는 다리가 2개인가요?'와 같은 질문과 요령을 제시해준다.
예제 질문을 이해하고 어떠한 질문으로 가장 빠르게 정답에 근접할 수 있는지 파악하는 것이 주요 전략이다. 시리즈가 계속 추가되어 디즈니 애니메이션이나 마블 등의 캐릭터가 들어간 버전도 나왔다.

초콜릿 픽스
CHOCOLATE FIX

 1명

 약 5분

 6세 이상

달콤한 것이 오래 살아남는다

초콜릿 픽스의 히스토리

초콜릿 픽스는 아이들에게 논리력을 키워줄 목적으로 개발된 1인용 퍼즐게임으로 1985년 씽크펀 사에서 출시했다. 씽크펀은 빌과 안드레이 부부가 설립한 회사로 보드게임을 통해 재미와 즐거움을 배운다는 신조로 운영되고 있다. 이런 신조와 어울리게도 이 회사의 블로그에는 한 달에 1개씩 보드게임과 관련한 글이 꾸준히 올라온다. 씽크펀 사에서 만든 아동용 게임으로는 초콜릿 픽스를 비롯해 팁오버, 러시아워, 매쓰다이스, 피츠 파이크, 어메이즈, 핫 스팟 등이 있는데, 이중 초콜릿 픽스는 주어진 단서를 통해 모형 초콜릿의 위치를 맞히는 게임이다.

초콜릿 픽스는 초콜릿 상자와 초콜릿 조각 9개(딸기 3개, 바닐라 3개, 초코 3개), 위치 표시 토큰 18개(최신 버전) 그리고 주문서 40장과 정답이 실린 소책자로 구성되어 있다. 이 게임의 목표는 초콜릿 주문서 40장에 나온 대로 초콜릿 디저트를 배치하는 것이다. 3×3 쟁반에 최대 9개의 초콜릿을 배치할 수 있는데, 주문서에는 초콜릿에 관한 정보가 일부 빠져 있어 추리력을 통해 이를 알아내야 한다. 초반에는 초콜릿의 색과 모양을 모두 알려줄 때도 있지만, 뒤로 갈수록 색 또는 모양만 알려주는 경우가 더 많아져 주어진 단서만으로 초콜릿의 위치를 찾아내야 한다.

초콜릿의 위치를 파악하는 원리는 다음과 같다. 주문서에 나온 3개의 단서가 하나는 딸기 삼각형 초콜릿이고, 다른 하나는 딸기 사각형 초콜릿이라면, 마지막 칸의 단서가 분홍색이라는 힌트만 주어지더라도 거기에 들어갈 가능성은 딸기 원형 초콜릿밖에 없어 이런 식으로 퍼즐을 완성할 수 있다. 주문서 뒷면에는 해답이 있어 정답을 확인하거나 힌트를 얻을 수도 있으며, 난이도는 초보자부터 전문가까지 총 4단계로 나누어져 있다.

핑크의 역사에 대하여

초콜릿 픽스를 사게 된 이유는 단순히 초콜릿 모양과 색이 예뻐서였다. 진짜 초콜릿보다 더 달콤한 맛이 날 것 같은 모형에 홀려 쉽고 재미있기만 한 게임인 줄로만 알았다. 그런 확신은 단서가 들어 있는 주문서를 넘기면서 산산조각이 나버렸다. 페이지를 넘길수록 제시된 주문이 복잡해져 후반부에서는 어른인 나조차도 풀기 힘든 문제가 나올 정도로 난이도가 높아졌기 때문이다. 신기한 건 초콜릿 픽스 게임을 할 때만큼은 문제가 아무리 어려워도 혹은 실패해도 전혀 쓴맛이 나지 않았다는 사실이다. 자칫 머리 아프고 복잡하다고 느낄 수 있는 퍼즐에서 초콜릿 모

형이 달콤함으로 낙담의 기분을 달래준 것이다.

초콜릿 픽스에 있는 딸기 초콜릿은 한때 심신을 안정시킨다고 알려진 베이커 밀러 핑크빛을 띠고 있다. 이 색은 1970년대 말 미국의 알렉산더 샤우스 박사가 죄수들을 상대로 실험해 유명해진 것으로 교도소 내부를 이 색으로 칠하자 죄수들이 한동안 폭력을 일으키지 않았다고 한다. 또한 이 색을 본 일부 환자의 혈압, 맥박, 심장 박동 수가 안정화되었다는 결과도 있다. 달콤한 핑크색을 보고 그들이 무엇을 상상했을지 정확히 알 수는 없지만, 내면 깊숙한 곳에서 진정 작용을 한 건 확실한 듯하다. 초콜릿 픽스를 집어 든 나의 몸 곳곳에서도 딸기 우유가 흐르는 듯

초콜릿 픽스는 주어진 단서를 통해 모형 초콜릿의 위치를 맞히는 게임이다.
주문서에는 초콜릿에 관한 정보가 일부 빠져 있어 추리력을 통해 이를 알아내야 한다.

한 달콤한 느낌을 받았으니 말이다. 달콤함이 아픈 이의 마음도 죄수의 마음도 달게 녹인 것이다.

오죽하면 언어에서도 달콤함은 긍정적인 것을 지칭하는 단어로 자주 사용된다. 가령 사랑하는 사람을 '허니Honey'라고 부른다거나 군더더기 없는 알짜배기 조언을 '꿀팁'이라고 하는 것처럼 말이다. 흔히 스트레스가 많을 때 당이 필요하다는 주장에도 알고 보면 달콤함의 저력이 들어 있다. 이는 실제 과학으로도 설명되는데, 달콤한 음식 안에 들어 있는 당이 스트레스를 받을 때 나오는 코르티솔 호르몬의 분비를 낮춰 스트레스 지수를 완화해준다는 것이다.

이런 달콤함을 태도에도 접목하면 얼마나 좋을까. 부드러운 얼굴로 상대와 마주하고, 상대를 귀하게 존중하고, 책망하는 대신 타인을 인정할 줄 알면 그것만큼 심신이 안정되는 일은 없을 테니까 말이다. 이런 달콤함은 오래도록 살아남아 문제를 직접 해결하기도 하고, 때로는 문제를 문제가 아닌 것으로 만들어주는 힘이 있다.

Tips for Honey

초콜릿 픽스는 소꿉놀이에 활용하기에 매우 좋다. 부모가 손님 역할을 맡아 주문서를 내밀면, 아이가 초콜릿을 준비하고, 부모는 초콜릿이 주문에 맞게 나왔는지 확인한 다음 맛있게 먹는 연기를 함으로써 승패가 갈리는 게임보다는 놀이에 가깝다는 인식을 심어줄 수 있다.

더 뉴요커
카툰 캡션 게임

THE NEW YORKER CARTOON CAPTION GAME

 3~6명

 약 30분

 10세 이상

뉴욕식 마음 현미경

더 뉴요커 카툰 캡션 게임의 히스토리

2006년에 발매된 이 게임은 미국의 유명 잡지 〈더 뉴요커〉의 카툰 일러스트를 보고 제한 시간 안에 그림에 맞는 설명을 지어내는 게임이다. 이 잡지사는 1925년부터 짤막한 카툰을 연재하면서 꾸준히 일러스트를 확보하고 있다. 2005년부터는 독자도 참여할 수 있도록 매주 카툰 캡션 콘테스트를 열고 있는데, 13세 이상이라면 누구에게나 참가 자격이 주어진다. 공식 홈페이지에 제시된 카툰 그림을 보고 캡션, 즉 삽화를 재치 있게 설명하는 문장을 응모하면 최종 3인을 뽑아 투표로 우승자를 정한다. 선정된 캡션은 매주 우승자의 이름과 함께 온라인에 게재된다.

이 게임 구성품에는 실제 〈더 뉴요커〉 잡지에 소개되었던 카툰 일러스트가 무려 200장이나 들어 있다. 게임은 잡지사가 개최하는 캡션 콘테스트처럼 진행하면 된다. 우승작을 선정하는 심판은 돌아가면서 한다. 심판은 주사위를 던져 나온 수만큼 보드에서 이동한 뒤 카드 1장을 뽑아 참가자들에게 보여준다. 참가자는 45초 동안 이야기를 종이에 써서 내고 이를 심판이 읽은 뒤 최고의 이야기꾼을 선정한다. 선정된 사람

은 보드 위에서 두 칸 전진할 수 있고, 심판 자격은 다음 사람으로 넘어간다. 결승점에 먼저 도착한 참가자가 우승하지만, 만약 보드가 없다면 최고의 이야기꾼으로 가장 많이 뽑힌 사람을 우승자로 선정해도 된다.

역지사지의 마음

세련된 박스 디자인과 게임명에서 풍기는 도시적인 감각에 반해서 무턱대고 샀던 게임이 더 뉴요커 카툰 캡션 게임이다. 돌아가면서 심사위원이 되어 당선작을 뽑는 일과 이야기를 종이에 직접 적어내는 규칙이 어린 나이엔 어려울 수 있어 권장 연령은 청소년 이상이다. 우리 가족은 둘째가 일곱 살이 되던 해 오랫동안 묵혀뒀던 이 게임을 꺼냈다. 스토리를 적어내는 대신 말하기로 규칙을 바꿨더니 어린 줄만 알았던 아이의 머릿속에서 기발한 상상력이 쏟아져 나왔다.

거침없는 아이들의 발표에 놀라 주춤주춤 머뭇거릴 정도였다. 스위치 앞에 사람들이 그려진 그림을 본 첫째는 "이 그림은 스위치 뒤에서 열심히 일하고 있는 우리 눈에 보이지 않는 사람들이에요"라고 대답해 모두의 박수갈채를 받았고, 침대에서 이불을 덮으며 잠을 청하려는 괴물 카툰을 본 둘째는 "이건 사실 아빠인데 일하느라 너무 피곤해서 괴물로 변한 거예요. 이제 자려고 하는 거예요"라고 말해 모두를 웃게 했다. 무엇보다 만들어내는 이야기마다 아이의 심리가 일렁대는 게 보여 이 게임을 더 일찍 하지 않은 것에 후회가 밀려들기도 했다. 더 빨리, 더 세세하게 아이 마음을 읽어줄 수 있었을 텐데, 하고 말이다.

특히나 참가에 의의를 두자며 끼워준 둘째는 기대치를 훌쩍 뛰어넘어 뜨거운 활약을 펼쳤다. 자리에서 일어나면서까지 손을 들고 기발한 이야기를 발표하는 것만도 대견해지려던 참인데 엄마를 상대로 거래를 시도한 것이다. 아이는 최고 이야기꾼으로 뽑혀 보드에서 두 칸을 전진하기 위해 손을 포개 나의 귀에다 대고 작은 목소리로 속삭였다.

"엄마, 내가 이번에 엄마를 제일 재미있다고 뽑아주면 다음에 엄마도 나를 뽑아줄 거예요?"

벌써 은밀한 거래도 할 줄 알다니 내가 설득의 귀재를 낳은 게 분명하단 생각에 흔쾌히 그렇게 하겠다고 화답했는데 선정의 시간이 다가오자 이 녀석이 대뜸 형을 뽑는 게 아닌가. 실력이 자신과 비슷한 엄마를 뽑는 건 자신에게 불리하겠다고 판단해 형의 손을 들어준 것이다. 아이의 고얀 배신에 크게 감동했다. 아이의 사고가 이렇게 커버리다니! 더 뉴요커 게임이 아니었다면 모르고 넘겼을 일이다.

일곱 살 아이를 상대로 싸우는 게 가당치는 않지만, 약속을 지키지 않은 대가는 알려줘야 할 것 같아서 내가 심사위원이 되었을 때 둘째의 눈을 찬찬히 바라보며 큰 감동도 재미도 없게 발표한 남편의 손을 들어줬다. 둘째는 엄마의 배신에 요란스럽게 얼굴을 씰룩였지만 이내 '눈에는 눈'이라는 사실을 깨달았는지 그 후로 지키지 못할 약속은 하지 않는 아이가 되었다.

더 뉴요커 게임을 통해 아이의 속을 잠깐이나마 들여다본 시간만으로 새삼 아이의 심리와 행동은 관심을 갖고 살피면 이해하지 못할 게 아

2006년에 발매된 이 게임은 미국의 유명 잡지 〈더 뉴요커〉의 카툰 일러스트를 보고
제한 시간 안에 그림에 맞는 설명을 지어내는 게임이다.
2005년부터는 독자도 참여할 수 있도록 매주 카툰 캡션 콘테스트를 열고 있는데,
13세 이상이라면 누구에게나 참가 자격이 주어진다.

님을 알게 되었다. 아이가 보여준 상상력만큼이나 아이의 심리를 헤아리는 나의 상상력도 함께 부풀었기 때문이다. 사는 게 급급하다고 변명하며 놓치고 살기엔 아이의 친절한 마음은 귀하디 귀하다. 더 뉴요커는 표지만 세련된 것이 아니라 부모가 자식을 가장 세련되게 관찰할 수 있도록 돕는 말하자면 뉴욕식 마음 현미경 같은 게임이었다.

Tips for Honey

여러 차례 게임을 하는 동안 카툰 카드가 익숙해지고 지겨워졌다면 설명서에 나온 제안처럼 cartoonbank.com에 들어가 잡지 〈더 뉴요커〉에 실렸던 8만 개의 카툰 일러스트와 미발매본 12만 개를 출력해 사용하는 방법도 있다.

배틀쉽
BATTLESHIP

 2명

 약 30분

 7세 이상

정직이 최선의 방책

배틀쉽의 히스토리

배틀쉽은 상대방 군함의 위치를 알아내고 폭파해 전쟁을 승리로 이끄는 게임이다. 좌표 평면을 읽고 위치를 유추하는 연습을 통해 공간지각 능력과 추리력을 동시에 키울 수 있다. 약 50년간 세계판매 순위 10위권 밖으로 밀려난 적이 없을 정도인 보드게임 배틀쉽은 드라마나 영화장면에 자주 등장한 데 이어 동명의 영화가 제작될 정도로 인기가 대단하다. 노트북 컴퓨터 모양의 보드를 펼쳐 군함을 배치하고 교전을 펼친다는 특성상 전쟁놀이를 좋아하는 아이들이 금세 빠져드는 게임으로 꼽힌다.

본래 배틀쉽은 제1차 세계대전 중 군인들이 소일거리로 종이에 그려놓던 빙고 게임과 비슷했으며, 당시에는 침몰을 뜻하는 'Sunk, Salvo' 등으로 불렸다고 한다. 1967년 밀튼 브래들리 사가 지금의 플라스틱 재질 배틀쉽을 정식 발매하였고, 이후 합병되어 현재는 해즈브로 사에 판권이 있다.

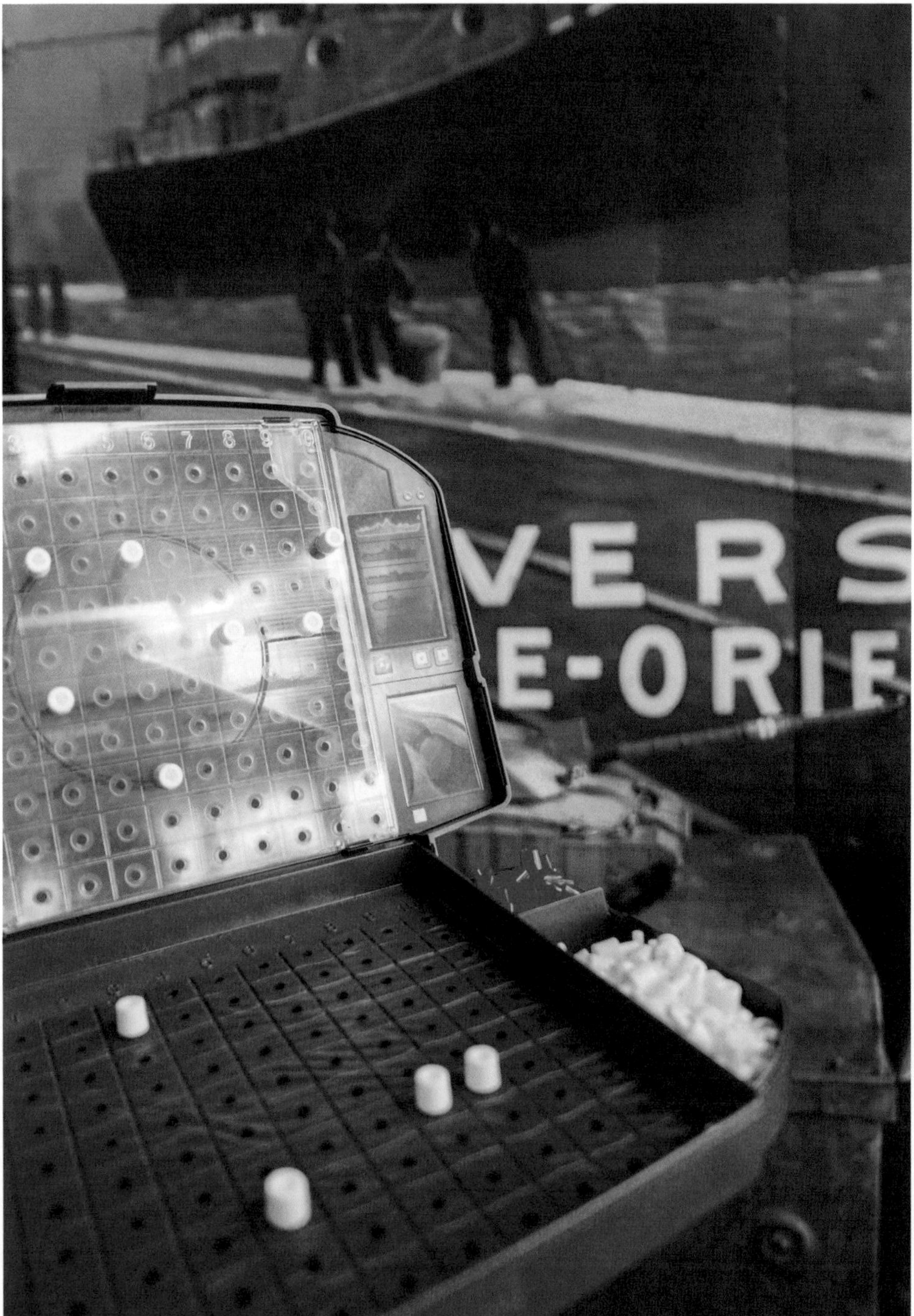
VERS
E-ORIE

게임의 목적은 각자 보드를 열어 10×10의 상판에 5종류의 군함을 배치한 후 번갈아 질문하며 상대 군함의 위치를 알아내는 것에 있다. 예를 들면 질문은 "C6 지점에 배가 있습니까?" "F4 지점에 배가 있습니까?"와 같은 식으로 하면 된다. 상대가 물어본 좌표에 나의 군함이 있다면 "Hit!"라고 명중임을 밝히며 저격당한 배의 종류를 말해야 하고, 반대의 경우라면 "Miss!"라고 불발을 알리며 공격권을 가져오면 된다. 이를 반복해 상대방의 군함 5대의 위치를 먼저 모두 찾아내는 사람이 승리한다.

상대방의 보드를 볼 수는 없지만, 나와 상대가 가진 군함의 종류가 같다는 사실을 통해 군함이 놓일 가능성이 있는 좌표를 예상하여 상대방 배의 위치를 유추해내는 게 배틀쉽의 전략이다. 이 게임은 전적으로 상대방이 대답해주는 정보에 의존해 단서를 취합하고 분석하는 것이라서 그 어느 때보다 고도의 추리력이 요구된다. 그런 이유로 따로 명시되어 있지는 않지만, 반드시 상대의 질문에 정직하게 대답해야 할 의무가 있다. 보이지 않는 적과 싸우는 상대에게 거짓 정보를 흘리는 일만큼 비겁한 반칙은 없기 때문이다.

정직한 리더의 성공

배틀쉽은 전략도 필요하지만 오히려 추리력이 더 많이 요구되는 게임이다. 체스처럼 눈에 보이는 적을 상대로 싸우는 게 아니라 눈에 보이지

배틀쉽은 상대방 군함의 위치를 알아내고 폭파해 전쟁을 승리로 이끄는 게임이다.
좌표 평면을 읽고 위치를 유추하는 연습을 통해 공간지각능력과 추리력을 동시에 키울 수 있다.

않는 적을 상상하며 싸워야 하기 때문이다. 하여 머릿속에 군함의 위치를 떠올리는 추리 능력이 부족한 사람이라면 이 게임은 어리둥절 막막하게만 느껴질 수도 있다. 망망대해에 군함이 어느 방향으로 떠 있을지 감조차 오질 않을 테니까 말이다.

하지만 정작 배틀쉽 게임이 진짜로 난해해지는 순간은 따로 있다. 바로 서로의 보드를 확인할 수 없다는 사실을 악용해 상대가 일부러 거짓 정보를 흘릴 때다. 거짓 위치를 들은 사람은 있어야 할 위치에 군함이 없다고 하니 다른 곳을 추리하는 수밖에 없어 시간만 축내다가 억울하게도 패자가 되는 것이다. 그렇다면 여기에서 최후의 승자는 누구일까? 답은 간단하다. 정직한 사람이 무조건 승자다. 왜냐하면 정직은 내가 아는 가장 귀한 덕목이기 때문이다.

내가 20대에 다녔던 기업의 회장님은 남다른 철학을 가진 분이셨는데, 주 1회 젊은 직원들과 토론하는 시간을 갖기를 원하셨다. 일주일에 한 번은 근무를 안 해도 된다는 생각에 처음엔 솔깃했지만, 막상 정치, 경제, 사회, 역사 등의 주제를 말씀하시는 할아버지 회장님과의 시간이 지루했던 것도 사실이다. 물론 이제 와 생각해보면 경제 동향이나 역사를 통해 어떤 기회와 통찰을 얻을 수 있는지 성공한 사업가의 사고방식을 앉은 자리에서 들었으니 그것은 특권이었다. 게다가 워런 버핏과의 하루 점심 식사에 수천 만 원을 쓰는 사람들이 있단 사실만 봐도 나는 족히 수억 원은 벌었던 셈이니 말이다.

당시 내가 들었던 그분의 이야기 중 가장 기억에 남는 것은 '진정한 부자의 성공 비결'이다. 젊은 날 사업을 시작해 어렵게 자수성가하셨던

회장님은 세금을 내기가 아까웠다고 한다. 그래서 여러 편법과 불법을 통해 세금을 줄였다고 고백했다. 완벽하게 탈세에 성공했다고 생각했지만, 결국엔 발각되어 탈세범을 넘어 빈털터리가 되었지만 말이다. 재밌는 건 그날이 그분의 인생에서 가장 후련했던 날이었단 회고였다. 죄를 짓고 사니까 돈이 모이는 속도로 근심이 쌓여 하루도 숙면을 취한 날이 없었는데, 대가를 치르고 앞으로 정직하게 살 생각을 하니 그리도 행복할 수가 없으셨단다. 이후로는 유혹에 넘어가지 않으셨다고 하니, 회장님의 진짜 성공 비결은 바로 정직이었다. 정직은 나와 타인 앞에서 내가 가장 떳떳할 수 있는 무기니까 말이다.

배틀쉽에서도 인생에서도 정직하지 않아 치러야 하는 대가는 승리의 무효가 아니라 배신자라는 낙인이다. 그런 사람이 행여 잠시 어떠한 성취를 이룬다 해도 끝까지 박수받기는 어려울 것이다. 이미 신뢰를 잃은 사람을 우리는 승자라 부르지 않으니까. 그러고 보면 보드게임에서도 삶에서도 정직은 언제나 최선의 방책이다.

Tips for Honey

군함의 위치를 양쪽 모두 빠르게 추적하지 못하면 게임이 느슨해져 흥미를 잃을 수도 있다. 이때는 규칙을 추가하거나 변형하여 속도전으로 만들면 된다.
우리 가족은 함대에서 멀지 않은 좌표를 말할 때 '가까이 있다'라는 힌트를 주거나 처음 배치할 때 함대를 이어 붙이도록 해 한 번 명중시킨 좌표 이후부터는 위치를 재빠르게 찾아내도록 변형을 주기도 했다.

7장

퀴즈와 상식

Quiz, General Knowledge

스마트 애쓰

헬씨 헬핑

패스포트 투 컬처

휠 오브 포춘

싱크 빅 사이언스

썸바디

브레인박스

스마트 애쓰
SMART ASS

 2~8명

 약 30분

 10세 이상

똑똑한 당나귀 엉덩이?

스마트 애쓰의 히스토리

스마트 애쓰는 똑똑한 엉덩이를 가진 당나귀와 함께 퀴즈를 풀어나가는 트리비아 형식의 게임이다. 여기서 트리비아Trivia란 '일반 상식 퀴즈'를 뜻하는 말로 보드게임의 대표 유형 중 하나다. 스마트 애쓰가 가진 최고 장점을 꼽으라면 여느 퀴즈 게임들처럼 지식과 재미를 동시에 잡을 수 있다는 점이다. 특히나 유쾌한 자태로 시선을 강탈하는 당나귀까지 등장해 웃음은 보장될 수밖에 없다. 이런 이유로 북미권에서는 가벼운 퀴즈를 풀며 서먹함을 없애고 유쾌한 시간까지 보낼 수 있는 트리비아 게임을 파티용 게임이라고 한다.

또 하나, 영문판 트리비아 게임의 경우 영어로 문제를 듣고 대답하면서 고급 수준의 영어 실력을 키울 수 있어 국내에서는 영어 교육에 활용되기도 한다.

스마트 애쓰는 정통 퀴즈의 느낌에서 살짝 벗어나 위트를 선사해주는 게임이라 웃음이 끊이지 않는 즐거운 한때를 보내기에 제격이다. 구성품에는 2개의 주사위가 있는데 색깔 주사위는 카테고리를 선택할 때,

숫자 주사위는 이동할 칸 수를 정할 때 사용한다. 첫 번째 플레이어가 색깔 주사위를 던져 3개의 카테고리(나는 누구일까?/나는 무엇일까?/나는 어디일까?) 중 하나를 선택한 후 그 안에서 문제 카드 1장을 뽑아 읽으면 남은 참가자들이 정답을 외치면 된다. 카드에는 정답과 더불어 10개의 힌트가 있는데, 정답자가 나오지 않을 때마다 힌트를 하나씩 공개하는 방식이다. 이때 답을 말할 기회는 오직 한 번뿐이니 성급하게 외치는 대신 확실하다고 생각할 때 정답을 외치는 눈치 싸움이 중요하다. 정답자는 숫자 주사위를 굴려 나온 수만큼 보드에서 전진할 수 있고 만약 정답자가 나오지 않으면 출제자가 주사위를 굴려 앞으로 나아가게 된다.

보드에는 세 종류의 덤 애쓰Dumb-Ass, 하드 애쓰Hard-Ass, 킥 애쓰Kick-Ass 칸이 있다. 먼저 덤 애쓰 칸은 페널티 구간으로 다음 회차 퀴즈에 대답할 수 없게 되는 칸이고, 하드 애쓰 칸은 보너스 구간으로 문제를 맞히면 주사위를 굴려 한 번 더 나아갈 수 있는 칸이다. 마지막으로 킥 애쓰 칸은 뒤로 세 칸 후진하는 벌칙 구간에 해당한다.

스마트 애쓰의 유쾌한 조언

이 게임을 하기에 앞서 가장 먼저 해야 할 일은 스마트 애쓰가 무엇인지에 대해 아이들에게 자세히 설명하는 것이다. 경쟁이 치열해지려다가도 그 뜻을 알고 나면 누구랄 것 없이 승부에 연연해하는 대신 즐거움을

스마트 애쓰는 똑똑한 엉덩이를 가진 당나귀와 함께
퀴즈를 풀어나가는 게임이다.

찾고자 하는 자세로 바뀌기 때문이다.

'Smart'는 '똑똑한', 'Ass'는 '엉덩이, 멍청이, 당나귀'라는 뜻을 가진 단어다. 보통 Ass는 멍청해 보이는 것을 얕잡아 보는 비속어처럼 쓰이는데, 여기에 Smart가 붙으면 그 뜻이 재밌게 변한다. Smart Ass란 바로 '잘난 체하는 녀석'을 뜻하는 말이다. 똑똑해 보이려고 애쓰는 멍청이쯤으로 이해하면 된다. 지식을 과하게 뽐내 도리어 주변으로부터 좋은 평을 얻지 못하는 사람들을 재치 있게 놀리는 표현이다. 이 절묘한 게임명 덕분에 퀴즈를 푸는 내내 웃음이 끊이질 않는다. 아무리 박학다식해 정답을 외쳐봐야 똑똑한 당나귀가 될 뿐이고, 혹시 정답을 못 맞혀도 그저 똑똑한 당나귀로 뽑히지 못했을 뿐이니까, 아무도 이기거나 지는 것에 크게 개의치 않는 것이다.

더욱이 퀴즈 속 힌트에도 위트와 해학이 가득한 데다 게임의 특수 칸에도 모두 애쓰ass가 들어간 재미있는 단어를 배치시켰다. 퀴즈에 답할 자격을 박탈당하는 칸인 'Dumb-ass'는 '멍청한 사람'이란 뜻이고, 주사위를 한 번 더 굴릴 기회가 주어지는 'Hard-ass'는 '융통성 없는 사람'을 뜻한다. 세 칸 후진해야 되는 'Kick-ass'는 '벌을 준다'는 의미로도 쓰이지만 '굉장한'이라는 의미도 가지고 있어 뜻을 알고 게임을 하면 웃음이 터지는 포인트가 된다.

내가 가르쳤던 아이들이 가장 박장대소했던 퀴즈는 What Am I? 카테고리에서 나왔다. 첫 힌트인 '나는 화장실에서 볼 수 있는 물건이다'라는 문장을 듣자 화장실이라는 단어만으로도 아이들은 깔깔거리기 시작했다. 다음 힌트는 '나는 절대적으로 필요하다'였는데 각자의 상상 속에 무언가 웃긴 물건들이 떠올랐는지 재차 웃음을 터트렸다. 세 번째 힌트로 '당신은 나를 롤모델이라고 부른다'가 나오자 빗발치듯 모두 '휴지'라고 외쳐댔고, 누가 승자인지 가려낼 마음도 없이 다들 잔뜩 신난 표정이었다.

스마트 애쓰는 게임 내내 엉덩이를 흔들며 잘난 척하는 당나귀의 모습이 얼마나 조롱을 자처하는 일인지를 함께 퀴즈를 풀며 웃고 즐기는 가운데 중요한 사실 하나를 깨닫게 한다. 잘난 척하고 우월감을 드러내는 행위는 결국 잘나 보이고 싶지만, 현실은 그렇지 못해 숨겨둔 열등감에서 생기는 것임을 모른 척할 수 없게 말이다.

살다가 문득 아는 척, 잘난 척을 하고 싶은 순간이 오면 스마트 애쓰에서 엉덩이를 흔들던 당나귀의 모습을 떠올려보자. 그 덕에 잘난 척을 멈출 수 있다면 당신은 정말 똑똑한 엉덩이를 가진 게 분명하다.

Tips for Honey

유니버시티 게임스에서 나온 트리비아 게임 카르멘 샌디에고는 역사와 지리를 보드게임에 접목해 관련 상식을 즐겁게 익히도록 만들어진 게임이라 관심 분야라면 도전해볼 것을 권한다.
가장 유명한 트리비아 게임은 전체 보드게임 판매량 Top 5안에 꼽히는 트리비얼 퍼슈트로 문화 상식 퀴즈 게임이다.

헬씨 헬핑
HEALTHY HELPINGS

 2~4명

 약 10분

 4세 이상

5대 영양소로 채우는 나의 접시

헬씨 헬핑의 히스토리

헬씨 헬핑은 러닝 리소스 사에서 만든 교육용 보드게임으로, 룰렛을 돌려서 나오는 영양소의 음식을 자기 식판에 가장 먼저 채우는 사람이 이긴다. 이 회사는 아동용 장난감과 교구를 만들어온 전문 기업이다. 기초적인 알파벳과 숫자를 배우는 장난감 하나에도 교육적인 요소를 접목하는 꾸준한 연구로 교사와 학부모들의 압도적인 선택을 받아왔다. 이에 그치지 않고 모든 교과목과 연계되는 흥미로운 교구들을 개발해왔는데, 그중 헬씨 헬핑은 영양과 건강이라는 주제를 다룬 보드게임이다.

헬씨 헬핑 안에는 4개의 식판, 50개의 음식 사진 카드, 하나의 룰렛이 있다. 알록달록한 식판에는 5가지 주요 식품군 Fruits(과일), Grains(곡물), Vegetables(야채), Protein(단백질), Dairy(유제품)가 적혀 있고, 룰렛을 돌려 나온 영양소 군에 해당하는 음식 사진을 골라 식판에 채우는 게 규칙이다. 어린이의 이해를 돕기 위해 자주 접했을 음식 사진 카드를 구성품으로 마련해 직관적으로 설명하고 있으며, 뒷장엔 음식의 이름과 거기에 포함된 영양소를 표기해 알려준다.

룰렛에는 2개의 특별한 칸이 있는데, 하나는 Take로 상대방 식판 위의 음식 하나를 가져올 수 있다. 다른 하나는 Give인데, 내 식판 위의 음식 하나를 상대에게 내어주는 칸이다. 자신의 식판에 있는 5가지 식품군 칸을 빠짐없이 먼저 채우는 사람이 승리한다.

헬씨 헬핑은 식습관과 식단의 중요성이 강조되는 현대 사회에 더없이 어울리는 게임이다. 룰렛을 돌리고 차곡차곡 식판을 채워가는 자체로 영양소를 이해하고 균형 잡힌 식단과 건강의 상관관계를 체득할 수 있다.

건강한 식습관을 위한 도우미

내 몸을 움직이는 원동력이 되어주는 탄수화물, 단백질, 지방, 비타민, 무기질! 아이들과 재미있게 보드게임을 했을 뿐인데 저절로 5대 영양소를 익히는 학습 효과까지 나타난다면 금상첨화 아니겠는가. 고백하자면 헬씨 헬핑은 다분히 교육적인 의도를 품고 산 게임이었다. 학생들을 가르칠 당시 영양소를 통해 생물학, 화학, 식품학 등에 대한 과학 상식을 갖추게 할 목적이었을 뿐, 이 게임이 내 아이의 식습관을 바꿔놓는 기적을 낳을 줄은 상상도 못 했다.

궁색한 변명이지만 첫 아이가 세 살이 될 때까지는 지독하게 바쁘다는 핑계로 아이와 식탁에 마주 앉아 밥을 먹어본 적이 거의 없었다. 음식을 함께 먹고 나누는 즐거움을 못 느꼈던 아이는 음식을 봐도 특별한 반응이나 호기심을 전혀 보이지 않았다.

헬씨 헬핑은 영양과 건강이라는 주제를 다룬 보드게임으로,
룰렛을 돌려서 나오는 영양소의 음식을 자기 식판에 가장 먼저 채우는 사람이 이긴다.

그런 아이가 네 살이 되던 해 자신의 식판과 닮았다며 헬씨 헬핑을 들고나온 게 반전의 시작이었다. 영어 게임이라 힘들어하지 않을까 했는데 아이는 단백질이나 프로틴이나 생소하긴 매한가지인지 영양소들에 대한 설명을 재미있는 이야기처럼 들었다.

"프로틴은 단백질이라는 건데 고기나 생선 같은 음식들에 풍부하게 들어 있어. 음식 중에 단백질이 풍부한 게 또 뭐가 있을까?"

중간중간 엄마가 던지는 퀴즈에 아이는 눈치 빠르게도 햄을 골라내며 성취감을 느꼈다. 유제품을 이해한 아이를 보고는 오히려 내가 깜짝 놀라기도 했다.

"우유로 만든 음식이라고 생각하면 돼. 칼슘이 많이 들어 있어서 먹으면 키가 커질 거래. 여기 있는 치즈도 유제품이야. 또 뭐가 있을까?"

아이는 마트에서 같은 칸에 진열된 종류가 기억났는지 자신만만하게 요거트를 골랐다. 음식에 대한 학습이 호감과 성취를 동시에 부른 순간이다. 게다가 룰렛을 돌려 음식을 가져가는 놀이까지 하니까 그렇게 음식은 그대로 아이의 절친한 친구가 되었다. 씨리얼은 곡류인데 이걸 먹으면 힘이 세진다고 좋아하고, 마트에 진열된 딸기를 보더니 "스트로베리! 푸룻! 비타민이야!"하며 반가워하기도 하고 말이다. 음식이 게임과 유기적으로 얽혀 아이를 성장시키는 유기물이 된 것이다.

영양소의 종류와 역할을 놀면서 배우면 음식에 대한 호감을 높여주고 친근함마저 생기게 해준다. 그냥 먹어야 하는 줄만 알았던 음식에 구체적으로 어떤 영양소가 들어 있고 이로운 점이 무엇인지를 알게 될 때 음식을 대하는 근본적인 태도가 바뀌기도 한다. 이것은 아이들에게만

한정된 얘기가 아니다. 성인들조차 등 푸른 생선에 DHA가 많아 두뇌 발달에 좋다는 뉴스에 평소 싫어하던 비린내도 거뜬히 감수하는 것과, 물컹하기만 한 가지가 다이어트에 좋다는 소식이 전해지면 동네 마트에 가지가 동나는 것을 보면 말이다.

이왕이면 아무 음식이나 먹기보다 영양소에 대해 제대로 알고 건강한 식습관을 가졌으면 하는 게 모든 부모의 마음일 것이다. 그렇다면 지체하지 말고 헬씨 헬핑의 룰렛을 돌려보길 바란다. 헬씨 헬핑은 아이들이 다양한 음식과 영양소에 관심을 가지도록 매우 재미있고 다정하게 도울 것이다.

Tips for Honey

밥을 잘 안 먹는 아이 때문에 고민하는 부모들이 늘어가는 추세다. 아이와 함께 요리하며 음식에 대한 호감을 높여주듯 헬씨 헬핑 같은 게임으로 음식과 영양소에 익숙해지게 하는 것도 방법이다.
음식 사진 대신 실제 음식으로 대체해 게임을 하면 이를 놀이로 인식한 아이들이 음식에 더 쉽게 호감을 느낄 수 있어 번거롭더라도 도전해보기를 권한다.

패스포트
투 컬처
PASSPORT TO CULTURE

 2~6명

 약 60분

 10세 이상

당신의 CQ 지수는?

패스포트 투 컬처의 히스토리

2003년 발매된 패스포트 투 컬처는 '걸어서 세계 속으로'가 아니라 '앉아서 세계 속으로'를 경험할 수 있는 트리비아 게임이다. 세계 문화와 지리에 관한 퀴즈를 풀며 앉은 자리에서 세계여행을 하며 자기 여권에 10개의 도장을 먼저 채우는 사람이 승리한다. 퀴즈는 보기 중 답을 선택하는 방식이라 부담이 적으며, 푸는 족족 문화 상식을 겸비하게 되는 게 최고 매력이다. 보드게임 상자 겉면에 쓰인 문구 What is your CQ?에서 'CQ'란 Cultural Quotient, 즉 문화 지수를 뜻하는 말로, 이 게임을 통해 문화 지식수준이 높아질 수 있음을 강조한 것이다.

게임의 구성품은 크게 세계 지도가 그려진 보드와 여권 둘로 나뉜다. 보드에 그려진 아시아(주황), 유럽(남색), 북아메리카(빨강), 남아메리카(노랑), 아프리카(녹색), 오세아니아(보라) 위에 있는 칸에 도착할 때마다 해당 색의 스탬프를 받아 여권에 10개의 도장을 채우는 게 목표다. 같은 색의 도장을 또 받아야 할 때는 만능 칸인 월드 스탬프 자리(2군데)에 대신 받을 수 있으며, 이마저도 채워졌다면 그 회차에는 도장을 받을 수

없다. 그 외 구성품으로는 여권 질문 카드 318개(총 636문항), 문화 카드 30개, 여권 플레이 카드 6개, 답변 카드 18개, 플레이 피스(말) 6개, 주사위, 정답 점수판이 있다.

게임은 각자 선택한 말과 색이 똑같은 대륙의 공항에서 시작한다. 주사위를 던져 이동하며 해당 칸의 지시 사항을 따르면 된다. 첫째, 도장 칸Stamp Space은 도착한 사람이 질문지 하나를 뽑아 문제를 읽고 나머지 플레이어 중 정답을 맞힌 사람이 도장을 받는 곳이다. 질문지에는 '룩셈

부르크에서 사용하는 공식 언어는?' '왜 일본인들은 집에 들어갈 때 신발을 벗는가?'와 같은 문화와 관련된 퀴즈가 나온다. 둘째, 문화 칸^{Cultural Space}은 도착한 플레이어가 문화 카드 1장을 뽑아 읽고 자신이 도장을 받는 곳이다. 여기에선 퀴즈를 푸는 게 아니라 '당신의 삼촌이 저녁 식사에서 했던 얘기를 세 번째 반복할 때, 이미 했던 이야기라고 말하는 대신 처음 듣는 척한다. 어른을 공경했으므로 도장을 받는다'와 같이 교양 있게 사교적인 메시지를 나누는 게 목적이다. 셋째, 공항 칸^{Airport Space}은 그 지점에 머물러도 되지만, 원한다면 다른 공항으로 이동해 질

문지를 읽고 나머지가 정답을 맞히는 곳이고, 마지막으로 문화 교차점 Cultural Crossing은 자신이 원하는 칸으로 이동할 수 있는 곳이다.

가족 여행의 이유

들고만 있어도 마음이 설레고 몸을 들썩이게 하는 작은 수첩이 여권이다. 공항 직원들이 스탬프를 찍기 위해 여권을 뒤적이는 모습만 봐도 설렌다. 국경을 넘고 대륙을 건너 새로운 문화를 경험하게 될 거라고 약속해주는 것과 같으니까 말이다. 이렇게 여권은 세계를 여행할 수 있는 징표다. 패스포트 투 컬처는 이 징표에 도장을 받기 위해 퀴즈를 푸는 동안 잠시나마 작은 보드판에서 세계를 여행하며 현지 문화를 접하게 하고, 무엇보다 여행의 목적과 의의에 대해 돌아보게 한다.

우리가 여행을 떠나는 이유는 무엇인가? 기분을 전환하고 사색하기 위해, 때론 포상처럼 즐기려고, 또 누군가는 세상을 새로운 시야로 바라보고 싶다는 고상한 이유로도 떠난다. 아이들과 함께 가족여행을 시작한 이후엔 이유 하나가 더 추가되었는데, 바로 낯선 여행지에서 시시때때로 만나는 돌발상황에 활약하는 부모의 뒷모습을 보여주기 위함이다. 300만 원의 예산으로 8일간의 휴가를 어떻게 계획하는지, 그것이 성공했는지, 때로는 어떤 원인으로 실패하게 되었는지, 예약한 호텔이 만족스러웠는지, 먹을 만한 게 없던 식당이 왜 미슐랭 스타인지, 픽업하러 오기로 한 기사는 어디로 도망친 건지, 후미진 골목은 왜 세상 어디나 무

게임 상자 겉면에 쓰인 문구 What is your CQ?에서 'CQ'란
Cultural IQ, 즉 문화 지수를 뜻하는 말로,
이 게임을 통해 문화 지식수준이 높아질 수 있음을 강조한 것이다.

서운지, 영어마저 통하지 않는 나라에서도 용케 살아남을 방법은 있는지 등 미리 꼼꼼하게 계획을 했든 안 했든 모든 일을 처리하는 부모의 뒷모습이 아이들에겐 거울처럼 비칠 거란 기대감으로 말이다.

부모가 걸어간 걸음걸음은 자식에게 그 자체로 의미 있는 족적을 남긴다. 그걸 보고 자란 아이는 다음 세대에 똑같은 발자취를 남기고 말이다. 그래서 부모는 아이들의 거울이라는 말이 있는 것이다. 이런 면에서 볼 때 여행은 부모가 짧게나마 족적을 남길 절호의 기회가 분명하다. 비단 여행에만 한정하는 말은 아니다. 여행지뿐 아니라 거실의 바닥에서도 전 세계의 축소판 같은 패스포트 투 컬처를 펼치고 도장을 받는 모든 부모의 활약은 아이들의 존경을 자아내는 빛나는 발자취가 된다. 그것도 함께 즐거운 시간을 보내며 웃는 가운데 말이다. 당장 여행을 떠날 수 없다면 지금 패스포트 투 컬처를 펴야 할 이유다.

Tips for Honey

이 게임의 퀴즈 중에는 'How should a Korean named Kim Jun Ho be referred to in English?(김준호라는 한국 사람을 영어로는 어떻게 부르는가?)'와 같은 한국 관련 질문도 있다. 보기는 A. Mr. Kim B. Mr. Jun C. Mr. Ho였다. 정답이 A. Mr. Kim이라는 사실 외에도 나라별로 성과 이름을 쓰는 방식이 다르다는 문화 상식을 배울 수 있어 교육용으로 탁월하다.
퀴즈 형식이 다소 부담되는 나이라면 기찻길을 이용해 대륙을 횡단하는 티켓 투 라이드 시리즈를 추천한다.

휠 오브 포춘
WHEEL OF FORTUNE

 2~4명

 약 60분

 9세 이상

돈과 너 자신을 알라

휠 오브 포춘의 히스토리

단어 맞히기 퀴즈쇼로 유명한 미국의 〈휠 오브 포춘〉은 1975년에 시작해 7,000회가 넘도록 여전히 방영 중인 장수 TV 프로그램이다. 누적된 거액의 상금을 목전에 두고 막상막하로 펼쳐지는 대결은 보는 이의 손에 땀을 쥐게 한다. 3명의 출연자는 상금이 적힌 휠을 돌린 후 알파벳 하나를 말하는데 정답에 그 철자가 있으면 상금이 쌓이고 이 과정을 반복해 전체 단어를 먼저 맞히는 사람이 누적된 상금을 타가는 방식이다. 이 퀴즈쇼 형식을 그대로 보드게임에 옮긴 것이 바로 휠 오브 포춘이다. 게임판을 수동으로 조작하는 점이 다소 번거롭긴 하지만, 퀴즈를 풀고 상금을 타는 짜릿함만큼은 TV쇼 못지않다.

게임 방식 또한 프로그램과 같다. 문제는 장소, 인물, 사물, 제목, 관용구에서 출제되며 휠을 돌리고 나서 철자 하나를 말한 뒤 정답에 그 철자가 있다면 상금이 누적된다. 초반에 철자 몇 개만으론 정답을 맞히기 어려우므로 최후에 이 상금을 누가 타갈지는 알 수 없다. 휠에는 상금만 있는 것이 아니라 기회 상실Lose a Turn과 파산Bankrupt 구간이 있어 걸리면

휠에는 상금만 있는 것이 아니라 기회 상실Lose a Turn과 파산Bankrupt 구간이 있어 걸리면 기회를 잃거나 가지고 있던 자금을 모두 잃을 수도 있다.

기회를 잃거나 가지고 있던 자금을 모두 잃을 수도 있다. 안타깝지만 파산 구간에 걸리면 이전에 받은 보너스 상품조차도 다 내놓아야 한다.

최종 우승은 당연히 단어를 맞힌 사람의 차지이며, 우승자는 차곡차곡 쌓인 상금을 거머쥐게 된다. 덕분에 게임은 몰입도가 굉장히 높아져 TV쇼를 봤을 리 없는 아이들도 상금의 주인공이 되겠다는 각오로 마음을 다해 임할 정도다. 상금을 거머쥐기라도 하는 날엔 쇼에서 보던 우승자들처럼 격한 환호와 감격을 발산해 가상화폐도 아닌 게임용 가짜 화폐를 받자고 모두가 열중한다는 사실에 폭소가 터지기도 한다.

내 운명의 수레바퀴는 내가 직접 돌린다

20대 초반에 들었던 영어 회화 수업에서 원어민 선생님이 했던 질문이 떠오를 때가 있다. 그는 모두를 움찔하게 만드는 질문으로 수업을 시작했다. "Do you like money?(너넨 돈을 좋아하니?)" 긴 정적이 흐르자 선생님은 한 학생을 지목했다. 내가 지목당하지 않았다는 사실에 안도하며 그 학생의 대답을 기다렸다. 다소곳하게 삼키는 목소리로 그 학생은 "No, I don't like money(아니요, 안 좋아해요)"라고 대답했다.

첫 단추가 고고하게 끼워지자 거푸집으로 대답을 찍어내듯이 다들 "No"를 외쳐댔다. 그 순간 우리 중 가장 용기 있던 한 명이 "A little(조금 좋아해요)"이라며 혁명에 가까운 답을 말했다. 선생님은 놀랍다는 표정을 지으며 "Oh, You like money!(오, 너 돈을 좋아하는구나!)"라며 야릇하게 웃으셨고, 모두가 안타까움을 금치 못하던 그때 선생님은 크게 한숨을 내쉬며 말을 이어갔다.

"Actually, I don't like money."(사실, 난 돈을 안 좋아해.)

숙연한 공기의 흐름을 타고 선생님의 진심이 들려왔다. "I love money!(나는 돈을 사랑해!)"

원어민 선생님이나 아이들이 게임에서 보여주는 돈에 대한 태도는 우리가 그간 돈에 지나치게 격식을 차리고 이중적인 모습이진 않았는지 생각해보게 한다. 돈을 좋아하면 속물이라는 인식이 강한 나머지 속마음과 다르게 돈을 밀어내는 척할 때가 많지는 않은지.

사소한 예로, 어릴 때 친인척에게 용돈을 받던 순간이 떠오른다. 부모님의 다급한 손사래와 공중에서 바스락거리는 돈봉투를 보며 오갈 데 없는 두 손을 마주 잡고 어른들 사이에서 빨리 이 상황이 종료되기만을 바랐던 때가 어디 한두 번이었던가. 어차피 내 손에 쥐어질 그 돈을 필사적으로 막아내는 저항의 시간이 겸연쩍었고, 막상 돈 봉투를 받아도 어색하기는 매한가지였다.

돈과 관련된 태도가 내면에 위선적으로 자리 잡게 되면 돈 얘기를 꺼내기조차 불편하고 돈 앞에 당당하기도 어려워진다. 돈 앞에 초연한 이미지를 고수하는 게 최선이라고 합리화하기 때문이다. 돈을 빌려 간 친구에게 갚으라고 얘기를 못 한다거나, 바가지 금액에 대해 따지지 못하게도 된다. 이게 이어지면 연봉 협상처럼 중요한 자리에서조차 돈 얘기는 하지도 못하고 서명하기에 바쁠지도 모른다. 가식적으로 점잔을 빼다가 자기 권리도 제대로 못 챙기게 되는 것이다.

휠 오브 포춘을 하는 아이들은 정정당당하게 퀴즈를 풀어 그로 인해 상금을 받는 일에 하나같이 당당하게 환호하며 기뻐한다. 돈을 정확히 알고 친해지는 순간이다. 돈을 과시하고 자랑해선 안 되겠지만, 무조건 돈의 가치를 무시해도 안 될 것이다. 소크라테스의 "너 자신을 알라"라는 말이 어느 때보다 필요한 시대, 그러기 위해 우선 기억하자.

"네 돈에 대해 알라Know your Money!"

Tips for Honey

휠 오브 포춘은 폭넓은 상식을 알게 해주는 퀴즈이긴 하지만 어휘 감각이 뒷받침되면 더 유리하다. 제시되는 단어들이 영어의 주요 단어들이다 보니 모음 a, e, i, o, u가 단어에 빠지지 않고 등장한단 사실과 반대로 x나 z는 자주 나오기 어렵다는 점을 미리 알려주면 더 쉽게 참여할 수 있다.

ee, ea, oo와 같은 이중 모음이나 ch, sh, th, wh, ph, gh와 같은 자음 세트를 알려주면 진행이 훨씬 수월해진다. 이를 어렵게 느끼는 어린아이라면 단어의 철자를 맞히는 형식의 단순한 게임 행맨을 먼저 해볼 것을 추천한다.

싱크 빅
사이언스
THINK BIG SCIENCE

 2~4명

 약 30분

 7세 이상

과학과 친해지는 법

싱크 빅 사이언스의 히스토리

교구를 전문적으로 만들어 온 러닝 리소스 사에서 과학을 주제로 한 트리비아 게임 싱크 빅 사이언스를 출시했다. 수학, 과학과 관련된 교구를 꾸준히 개발한 노하우를 바탕으로 과학 중에서도 생물 과목을 단계별로 배울 수 있는 보드게임을 만든 것이다. 퀴즈로 재미 요소를 강화해 아이의 눈높이에서 과학을 쉽게 이해하도록 돕는다. 이 게임은 어려운 주제도 퀴즈 형식으로 재미있게 배울 수 있다는 사실을 잘 보여준다.

아이들이 이 게임에서 가장 좋아하는 구성품은 우주선을 연상시키는 4층짜리 입체 보드다. 4층은 곧 4단계를 의미하는데 상위로 올라갈수록 단계가 높아진다. 모든 참가자의 말을 1층 시작점에 놓고 자신의 차례가 될 때 각 레벨에 해당하는 문항 카드 1장을 뽑아 그에 답하면 된다. 1단계(파란색)는 '식물의 어느 부위가 땅에서 물과 영양분을 흡수하도록 돕는가? A. 줄기 B. 잎 C. 뿌리'와 같은 기초 수준의 문제가 출제되며, 2단계(빨간색)는 '다른 동물을 잡아먹는 동물을 무엇이라고 할까? A. 초식동물 B. 육식동물 C. 잡식동물'과 같은 난이도가 약간 올라간 문제가 나온다. 3단계(초록색)에서는 '소화기관이 아닌 것은? A. 신장 B. 위 C. 소장 D. 치아와 침'처럼 난이도 높은 문제가 나온다. 맨 위 싱크 빅(4단계 노란색)은 최상위 단계로서 빈칸을 채우는 문제가 나온다. 예를 들면, '_____은(는) 세심한 관찰을 통해 자연 세계를 더 잘 이해할 수 있다. A. 파충류 B. 생산자 C. 육식동물 D. 인간' 이런 식이다. 정답을 맞히면 카드 뒷면에 있는 지시에 따라 본인 또는 상대방 말을 앞뒤로 이동시키면 된다.

보드에서 UP이 쓰여 있는 칸에 도착하면 위층으로 올라가면 되고, 반대로 검정색 블랙홀 칸에 도착하면 1단계 시작점으로 돌아가야 한다. 이 카드는 문제를 맞히는 대신 카드에 적힌 아이디어를 큰소리로 읽은 뒤 지시사항을 따라야 한다. 그 뒤에는 다른 사람에게 차례가 넘어간다.

최상단 4단계에서 싱크 빅 문제를 풀어 성공하면 우승자가 된다. 만약 답이 틀리면 카드를 상자에 넣고 3단계의 시작점으로 내려가서 다시 게임에 참여한다. 아쉽게도 한글 버전이 없어 출제자의 영어 실력이 요구되는 점이 이 게임의 단점일 수 있다. 다소 번거롭더라도 카드에 우리말 번역을 붙이거나 그때그때 사전을 찾아 문제를 내는 방식으로 보완해보자. 이토록 과학이 재미있어지는 순간은 매우 드물게 오는 기회니까 말이다.

싱크 빅 사이언스는 과학 중에서도 생물 과목을 단계별로 배울 수 있는 보드게임이다.
퀴즈로 재미 요소를 강화해 아이의 눈높이에서 과학을 쉽게 이해하도록 돕고 있다.

로봇과 더불어 살아가기 위한 첫걸음

싱크 빅 사이언스의 궁극적인 목표는 과학에 대한 흥미 유발이다. 영어 게임명 Think Big Science에서 말해주듯 과학은 폭넓게 생각해야 하는 미래 학문이고, 우리는 끊임없이 이를 배우고 적응해 나가야만 하기 때문이다. 생명은 연장되고, 노동력은 기계로 대체되고, 대기권을 넘어 우주까지 비행 물체를 쏘아 올리는 시대를 살아가고 있다. 4차 산업, 5차 산업, 양자 물리학, 뇌과학, 가상 인간, 메타버스 등 멀리 있다고 믿었던 미래도 아주 빠르게 우리 눈앞에서 펼쳐지고 있다.

과학은 그 분야도 넓고 발전 속도까지 빨라 무심코 장래 희망에 '과학자'를 썼던 아이들도 어느 순간이 되면 따라잡지 못할 거란 불안에 과학을 골치 아픈 학문쯤으로 밀어낸다. 다행스럽게도 싱크 빅 사이언스는 그런 아이들에게 과학의 흥미를 되살려준다. 퀴즈를 풀며 탑을 한 칸 오를 때마다 느껴지는 성취감에 과학은 신나는 학문으로 변신하는 것이다.

과학, 특히 순수과학은 모르는 것을 알게 될 때까지 파고들고 알게 되었더라도 그것이 진실인지 끊임없이 점검하는 학문이라 모든 학설은 영원히 가설이다. 순수한 지성들이 이런 과학과 사랑에 빠져 피땀 어린 연구를 통해 얻은 기적 같은 결과로 인류에 공헌하기도 한다. 과학에는 이런 이유로 해답이 있는 가운데 미래도 있는 것이다. 식량을 비축하듯 미래를 대비하기 위해 우리 사회에 이 학문에 매력을 느끼는 사람이 더 많아졌으면 좋겠다.

미래를 배경으로 하는 영화에서 자주 등장하는 소재가 인간과 로봇의 대결이다. 영화에서는 극도로 발달한 과학이 로봇을 만들고, 얼마간은 로봇이 주는 편리가 세상을 이롭게 해주다가, 결국 인간의 욕심이 부메랑이 되어 로봇에게 지배당하고 만다. 인간은 로봇에 맞서 싸워보지만, 역부족이고 급기야 멸망이 임박해 다가온다.

영화 후반부에 가서야 극적으로 해결의 열쇠가 등장하는데, 그 열쇠는 언제나 희망을 잃지 않은 과학자가 쥐고 있다. 과학을 이길 수 있는 건 오직 과학이니까 말이다. 지금 싱크 빅 사이언스를 하는 아이 중 누군가는 미래의 열쇠를 쥔 과학자가 될지도 모를 일이다.

Tips for Honey

이 게임은 아마존에서 STEM Game 장르로 분류되어 있다. STEM이란 과학, 기술, 공학, 수학의 영어 단어 첫 글자를 딴 약어이다. 비슷한 것으로 STEAM이 있는데, 이는 예술이 추가된 표현이다.
4차 산업 혁명 시대는 물론 미래를 대비한다는 마음가짐으로 STEM Game 장르 속 교구와 보드게임을 종종 뒤적이다 보면 의미 있는 정보를 찾을 수 있을 것이다.

썸바디
SOMEBODY

 1~4명

 약 10분

 6세 이상

한 길 사람 속 해부하기

썸바디의 히스토리

썸바디는 스티커를 사용해 인체 부위의 각 명칭과 위치를 익히도록 만들어진 교육용 퀴즈 게임이다. 눈, 코, 입과 같은 쉬운 단어부터 폐, 간, 쓸개처럼 신체 기관을 표현하는 다소 어려운 영어 단어까지 들어 있지만, 간결한 퀴즈를 통해 배울 수 있어 부담이 덜하다. 특히 붙이고 떼기 쉬운 스티커 형식은 미술 놀이를 하는 기분이 들게 해 흥미를 높인다.

이 게임을 발매한 탤리코 아리스토플레이 사는 가족 중심의 삶을 최우선으로 여기며 주로 가족용 보드게임을 제작하기로 유명하다. 공식 사이트에서는 가족이 보드게임을 하면서 얻는 장점을 편지글로 소개하고 있다. 요약하면 아이들의 변화된 모습은 성장을 의미하고 보드게임은 끊임없이 배움을 제공하며 행운이 있는 만큼 희망을 잃지 말라는 내용이다.

창립자 탤리코 아리스토플레이의 서신
① 당신의 아이가 당신을 속인 것을 축하해 주세요.

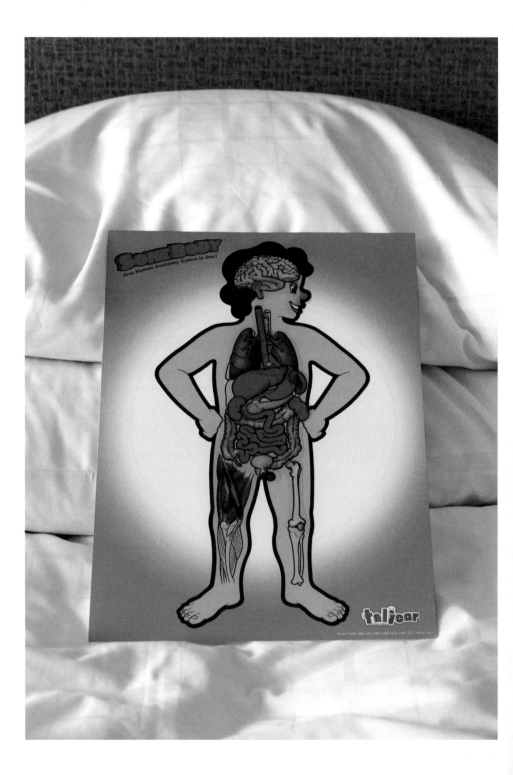

썸바디는 스티커를 사용해
인체 부위의 각 명칭과 위치를 익히도록 만들어진
교육용 퀴즈 게임이다.

② 규칙을 유연하게 하여 부드러운 기질을 키워주세요.

③ 전략적인 사고를 장려하고 이기기 위한 전략을 나누세요.

④ 의지 외에 행운이 있다는 것을 알려주세요.

⑤ 아이가 잘했을 때 칭찬을 잊지 마세요.

썸바디는 사람 속을 들여다보는 게임이다. 게임 안에는 인체가 그려진 보드 4개, 신체 장기 스티커 세트 4개, 인체 설명 차트 1개, 노란색 신체 장기 카드 50장, 주황색 뼈와 근육 카드 50장이 들어 있다. 설명서에는 무려 5가지 게임 방법이 나온다. 인체 차트를 활용해 의사가 되기, 신체 장기 카드 활용하기, 뼈와 근육 카드 활용하기, 낚시 놀이로 인체 배우기, 모든 구성품을 활용해 인체 배우기 등이 있다. 이는 다양한 방식을 활용해 창의적으로 자신만의 방법을 찾아 즐겁게 신체 부위를 익히라는 뜻이다.

이 게임을 할 때는 규칙에 얽매일 필요 없이 우리 몸속을 알 때까지 자유롭게 활용하면 된다. 특히나 신체 장기 세트가 떼었다 붙였다 할 수 있는 스티커로 제작되어 있어 다소 어려울 수 있는 lung(폐), liver(간), kidney(신장), bladder(방광) 등의 단어도 스티커를 조작하는 재미와 함께 쉽게 익힐 수 있는 게 이 게임의 매력이다. 인체에 대한 지식과 어휘를 재미있게 익히며 우리 몸속을 들여다볼 수 있는 신나는 게임이 썸바디가 아닐까 한다.

한 길 사람 속은 알기 어렵지만

썸바디 박스를 열었을 때 최초로 느꼈던 감정은 안도감이었다. 무섭거나 징그럽다고 느낄 수도 있는 신체 장기를 귀여운 그림과 스티커로 만들어 몸속과 마주하는 시간을 편안하게 해주었기 때문이다. 생각해보면 어릴 적 과학실에서 처음 본 인체 모형은 기괴하고 오싹한 기억으로 남아 있지 않던가. 한쪽 모퉁이엔 골격 모형이, 책상 위에는 장기 모형이 놓여 호기심을 불러일으키기는커녕 시선을 피하기 바빴다. 조금만 더 예쁜 해골, 인체 모형이었다면 눈이라도 마주쳤을 텐데 말이다.

썸바디 게임을 개봉했을 때 구성품을 보고 놀랐던 아이는 단 한 명도 없었다. 오히려 스티커에 반해 뇌도 만지작거리고 간도 들었다 놨다 했다. 그렇게 1~2분 만에 완성한 보드는 그야말로 속이 훤히 들여다보였고, 사람 속이 별 게 아니구나 싶게 잘 만들었다. 아이들이 스티커를 직접 붙여가며 순식간에 사람 신체 기관을 이해하는 걸 보면서 썸바디 보드게임이 발휘하는 힘이 대단하게만 느껴졌다.

그러다 문득 진짜 사람 마음속도 들여다볼 수 있는 스티커가 생겨났으면 하는 엉뚱한 바람이 생겨났다. 남의 마음이 어떨지 궁금해하면서도 정작 자신의 속마음도 모르고 사는 사람이 태반이니까 말이다.

한 길 사람 속을 알기 어려운 이유는 우리의 마음이 속을 들키는 걸 쉽게 허락하지 않아서다. 내 속을 있는 그대로 보여줬을 때 돌아올 파장이 두려워 차라리 속을 숨기고 마니까.

문제는 마음을 숨기는 게 습관이 되다 보면 나중엔 스스로도 자신의 진짜 마음을 알지 못한 채 살게 된다는 것이다. 타인의 시선에 갇혀 사는 게 익숙해져 자기주장을 하지 못하고 마음의 주도권을 잃고 말아 내 속도 헷갈리게 된다.

그러고 보면 어떤 상황에서도 미궁으로 남기면 안 되는 한 길 사람 속이 바로 내 마음속 아닐까 싶다. 적어도 나만 들을 수 있는 목소리로 나에게만큼은 내가 진짜로 원하는 게 무엇인지 말할 줄 알아야 한다. 마음의 주도권을 놓친다는 건 내 마음이 내가 아닌 남의 의견에 따라 살게 될 수 있다는 뜻이니까 말이다.

Tips for Honey

신체 내부의 장기 위치와 명칭이 그려진 보드의 사람 그림이 귀여워서인지 아이들은 전혀 거부감 없이 장기 스티커를 붙이고 암기해 나간다.
인체의 장기 위치와 명칭을 배울 수 있는 보드게임이 썸바디라면 인체 골격은 Bag O' Bones라는 게임으로 배울 수 있다.
인체의 장기와 골격에 관심이 많은 아이의 경우 게임에서 진행한 내용을 도화지에 직접 그려보게 해 신체 장기와 골격의 위치를 습득하게 하는 것도 좋은 방법이다.

BRAINBOX

 1명 이상

 약 10분

 7세 이상

한 장으로 읽는 세상

브레인박스의 히스토리

2007년 영국의 그린보드게임즈 사에서 개발한 브레인박스는 누적 판매량 800만 개 이상을 자랑하는 게임이다. 42개국에서 한국어를 포함 33개 이상의 언어로 번역되어 전 세계적으로 큰 사랑을 받고 있다. 브레인박스는 백과사전을 압축해놓은 듯한 카드의 그림을 보고 질문에 대답하는 메모리 게임으로 동화, 공룡, 언어, 역사, 수학, 과학, 축구, 명화, 발명품 등 다양한 주제를 망라하여 다룬다. 각각의 주제에 맞는 그림들을 관찰하고 파악하고, 또 기억하는 과정에서 총체적인 두뇌활동을 하게 되고 상황의 흐름을 읽는 탁월한 감각도 키울 수 있다. 귀엽고 재미있는 카드 몇 장으로 잡학박사가 되게 해주는 브레인박스는 진정한 의미에서 두뇌가 들어 있는 상자라 할 수 있을 것이다.

게임 상자에는 55장의 그림 카드와 모래시계, 주사위가 들어 있다. 그림 카드의 앞장에는 함축적 이야기가 담긴 그림이 그려져 있고, 뒷장에는 6개의 관련 질문이 있다. 규칙은 간단하다. 카드를 1장 뽑아 10초간 응시한 뒤 카드를 덮고 기억력을 총동원해 질문에 답하기만 하면 된다.

St. George and the Dragon

St. George slays the dragon with
his lance and rescues the princess.

The Gingerbread Man

The gingerbread man sees a horse who says
"Stop! Stop! I want to eat you, little man!"
But the gingerbread man doesn't stop.

...irl

...nd her
...ful angel.

Robin Hood

Robin encounters the taller Little John on a bridge
and neither will make way for the other to pass.

The Enormous Turnip

The man grows the most enormous turnip; he
pulls and pulls but the turnip doesn't move!

이때 질문은 주사위를 던져 선택해도 되고 6개 모두 답해도 된다. 이 게임의 전략은 그림 카드를 보는 동안 일종의 목격자가 되어 최대한 세세한 정보를 기억해두는 것이다. 뒤이어 나오는 질문이 '모자를 쓴 사람은 몇 명입니까?' '소녀의 드레스는 무슨 색입니까?'처럼 매우 구체적이기 때문이다. 게임 종료 후 가장 많은 카드를 획득한 사람이 승자가 된다.

우리 부부가 아이들과 함께해본 브레인박스는 동화가 주제였다. 박스를 열면 55장의 카드에 알라딘, 피노키오, 토끼와 거북이, 잭과 콩나무, 인어공주 등 익숙한 동화들의 명장면이 그려져 있다. 예사로 흘려볼 카드가 없는 것이 10초 뒤에 퀴즈에 답해야 하는 처지라 몇 번을 해도 처음 본 듯해 집중할 수밖에 없게 한다. 아이들은 1장의 그림이 말해주는 내용을 전체적으로 파악한 뒤 곧이어 대답할 질문에 대비해 구석구석 사물이나 현상에 대해 암기하는데, 이 과정 덕에 소위 전체 흐름을 읽는 센스, 즉 눈치가 생겼다.

전체 흐름을 읽는 센스, 눈치도 지능

브레인박스Brainbox는 '아주 똑똑한 사람'을 뜻하는 영어 단어이다. 이 게임을 하는 누구라도 똑똑한 사람이 된다는 말처럼 들리겠지만, 수십 번에 걸쳐 이 게임을 해본 사람으로서 좀 다른 견해를 밝히자면 진짜 똑똑한 사람은 이 게임을 만든 사람이 아닐까 싶다. 카드 한 장으로 아이

브레인박스는 백과사전을 압축해놓은 듯한 카드의 그림을 보고
질문에 대답하는 메모리 게임으로 동화, 공룡, 언어, 역사, 수학, 과학, 축구, 명화, 발명품 등
다양한 주제를 망라하여 다룬다.

들에게 해박한 지식은 물론 전체 흐름을 읽는 센스까지 키워준단 사실이 도무지 믿기지 않기 때문이다.

개발자 자신도 전체 상황을 파악하고 읽어내는 감각이 빠른 사람임이 분명하다. 아이들이 관심 있어 할 주제들을 공략할 줄 알고, 그 주제를 한 장의 그림으로 함축해내 백과사전이나 동화 전집과 비등하게 만들 줄도 알았다. 무엇이 이 세대에게 통할지 정곡을 찔러 그들이 집착할 만큼 집중할 수 있는 게임을 만든 것이다. 우연의 일치겠지만, 점점 짧은 콘텐츠가 젊은 세대를 사로잡는 시류를 예견이라도 한 듯 단 한 장이라는 짧은 형식을 통해 아이들이 지루할 틈이 없도록 만들면서도 뒷이야기를 궁금하게 해 오히려 질문을 유도하기도 한다.

가장 감탄할 만한 건, 주제를 놓치지 않으면서도 적당히 허를 찌르는 퀴즈를 배치해 아이들이 그림 속 풀 한 포기도 놓치지 않고 집중할 수 있게 잡아둔다는 사실이다. 그러는 사이 아이들은 몰입하는 즐거움 속에서 눈치까지 생겨나니 이런 고마운 게임이 어디 있나 싶을 정도로 말이다. 이 게임을 자주 한 아이들은 일상에서도 어떤 사건과 마주할 때 매우 빠른 속도로 그 상황을 감지하고, 파악하며, 무엇이 최선인지를 끌어내는 걸 즐길 줄 안다.

검도를 각각 3년, 5년 동안 해온 우리 집 두 아이가 처음으로 검도 대회에 나가서 대결할 때 얼마나 빠른 관찰로 흐름을 읽고 대처하는지, 그 모습을 보고 깜짝 놀란 적이 있다. 특히 일곱 살 난 둘째가 궁리해서 행동으로 보여준 모습은 감탄 그 자체였다. 아이는 이렇게 말했다.

"애들은 다들 머리만 치려고 하거든요. 근데 저랑 대결했던 애가 저보다 키도 많이 크고 힘도 세 보여서 머리를 치려고 하다간 질 거 같아서 시작하자마자 달려가서 허리를 쳤어요."

아쉽게도 메달까진 걸진 못했지만, 아이의 말을 듣고 내심 무척 기뻤다. 그것이 브레인박스를 통해 아이들이 배우기 바랐던 모든 것이었기 때문이다. 전체적인 맥락과 흐름을 재빨리 읽어내는 그 센스 말이다.

Tips for Honey

아이들은 그림 한 장에 숨어 있는 이야기나 배경 지식을 자세히 보거나 듣는 걸 좋아한다. 10초의 시간이 짧다면 사정에 맞게 시간을 늘리는 것이 좋으며, 시간제한을 아예 없애고 한 장의 그림을 함께 공부하는 마음으로 정독하고 이야기를 나눈 뒤 뒷장으로 넘어가서 문제를 푸는 것 역시 효과적이다.
55장의 카드가 차지하는 부피는 그리 크지 않지만, 한 장이 가진 얘깃거리의 확장성은 무궁무진하다.

8장

행운

Luck

스네이크 앤 래더스

모노폴리

리처드 스캐리의 비지 타운

파치시

피드 더 키티

쏘리

인생 게임

스네이크 앤 래더스

SNAKES AND LADDERS

 2~6명

 약 10분

 4세 이상

Easy Come, Easy Go!

스네이크 앤 래더스의 히스토리

스네이크 앤 래더스는 고대 인도에서 즐기던 모크샤 파탐^{Moksha Patam} (또는 모크샤 패스^{Moksha Path})이라는 게임에서 유래했다. 모크샤는 고뇌와 번뇌로부터의 해탈을 의미한다. 이 게임은 업보, 욕망, 관용, 운명 등의 힌두교 철학을 바탕으로 행운을 상징하는 사다리와 불운을 상징하는 뱀을 통해 선행과 악행의 결과가 무엇인지를 보여준다. 선을 행하면 사다리를 타고 위로 올라가고, 악을 행하면 뱀을 타고 미끄러져 원점으로 되돌아온다는 설정으로 인도에서는 구원의 사다리란 뜻의 '바이쿤타팔리^{Vaikuntapali}'로 불리기도 한다.

1892년 영국으로 건너간 이 게임은 스네이크 앤 래더스라는 새로운 명칭으로 출시되면서 본래 가졌던 종교적 의미가 사라졌다. 이후 1943년 미국의 밀튼 브래들리 사는 뱀 대신 미끄럼틀을 넣어 미끄럼틀과 사다리^{Chutes and Ladders}로 출시했고, 국내에서는 스머프 사다리 게임으로 더 잘 알려져 있다.

스네이크 앤 래더스는 주사위를 던져 나온 수만큼 말을 이동해 결승

지점에 가장 먼저 도착하는 사람이 이기는 게임이다. 보드는 일반적으로 10×10, 총 100칸으로 구성되며, 도착한 지점에 사다리가 있으면 타고 올라가고 뱀이 있으면 꼬리 지점까지 미끄러져 내려와야 한다. 이 때문에 '소득 없이 원점으로 복귀'를 뜻하는 영어 숙어 'back to square one'이 스네이크 앤 래더스에서 유래했다고 보는 견해도 있다. 행운이 연속으로 찾아오는 경우는 흔치 않아 게임 소요 시간이 예상보다 길어질 수 있지만, 언제고 행운이 찾아올 수 있다는 희망은 게임을 하는 내내 용기를 불어넣어줄 것이다.

구원의 사다리에 너무 매달리지 말자

남편이 인도로 출장을 떠났을 때 빡빡한 일정으로 여의찮음을 알면서도 다소 무리한 부탁을 하나 했었다. 카레 향이 풍겨 나와도 상관없으니 인도가 물씬 느껴지는 보드게임을 사다 달라고 말이다. 수학이 발달한 나라인 만큼 보드게임에서도 고유의 수학적 지성이 느껴질 거란 기대 때문이었다. 남편은 숙소에서 가까운 쇼핑센터에서 어렵사리 하나를 구하고 수소문하여 차로 30분 떨어진 대형 쇼핑몰에 가서야 견고하게 만들어진 보드게임 몇 개를 더 건질 수 있었는데, 그중 하나가 스네이크 앤 래더스였다.

　아이들은 특히나 혀를 날름거리는 뱀에서 눈을 떼지 못했는데, 미끄럼틀과 사다리Chutes and Ladders로 알고 있던 게임에 유려한 자태의 뱀이

이 게임은 선을 행하면 사다리를 타고 위로 올라가고,
악을 행하면 뱀을 타고 미끄러져 원점으로 되돌아온다는 설정으로,
인도에서는 구원의 사다리란 뜻의 '바이쿤타팔리Vaikuntapali'로 불리기도 한다.

등장해서 더 그랬던 것 같다. 그도 그럴 것이 행운 뒤에 언제 닥칠지 모르는 불운을 암시하는 뱀의 형상은 모두를 긴장하게 했다.

스네이크 앤 래더스 안에는 삶이 인간에게 농을 치는 몸짓이 들어 있다. 운이 좋아 28번이나 80번에 놓일 때면 사다리를 타고 쏜살같이 올라가는 운명에 어지러울 정도로 희열을 느끼다가 운이 다해 62번과 87번에서 반갑지 않은 뱀의 얼굴과 마주할 때면 잡을 곳 없는 미끄덩한 추락에 인생무상을 느끼게 되는 것이다. 쉽게 얻는 것일수록 쉽게 잃는다는 진리를 여백 없이 꽉 차게 실감하는 순간이다.

이 게임을 할 때 아이들의 반응은 언제나 솔직하다. 올라갈 땐 환호성을 지르고 내려올 땐 울고불고 난리도 아니다. 그러나 부모가 되어 지금의 나이쯤 되고 보니 올라가면 내려와야 하고, 계속 올라가기만 하는 인생은 없다는 걸 시간 속에서 배운다. 그러니 짐짓 인생이 쉬이 풀리지 않는다고, 혹은 쉽게 얻어지는 게 하나 없다고 불평할 필요도 없겠단 생각이 든다. 신이 인간을 어여삐 여길수록 행운을 감당할 만큼만 질금질금 주는지도 모르겠다.

우리는 종종 로또 당첨과 관련한 이해 불가인 소식을 접할 때가 있다. 뉴스에 따르면 거액의 상금을 받은 후 가족끼리 소송 전에 휘말린다거나, 사기꾼에게 사기를 당한다거나, 투자로 전 재산을 날린다거나, 최악은 살인이 벌어지기도 한다. 그만큼 무언가를 쉽게 얻는다는 건 불행으로 가는 시험에 드는 일이 아닐까 싶다. 정작 당사자는 시험하는 것인 줄도 모르고 행운이라며 덥석 붙잡고 문제를 풀 생각을 하지 않으니 나락으로 떨어질 수밖에.

스네이크 앤 래더스를 할 때 사다리만 연속으로 타고 결승점까지 쭉 직행하면 좋겠지만, 뱀의 머리와 마주하는 일을 피하기란 사실상 불가능하다. 그만큼 쉽게 얻는 건 우리의 바람과 상관없이 쉽게 사라져버리는 게 세상 이치다. 삶에서 거저 얻은 게 없었다면 지금 누리는 이 행복이 가장 행운이 깃든 순간이라고 믿어봐도 좋겠다.

Tips for Honey

주사위와 종이만 있다면 현장에서 바로 그려서 즐겨도 될 정도로 규칙은 단순하다. 주사위 대신 윷을 던지는 방법도 즐거움의 비결이 될 수 있다.
이동하는 칸을 덧셈식으로 문제를 내 아이의 수학 실력을 키우는 전략도 가능하다. 예를 들어 17번 칸에서 5만큼 이동해야 할 때 17+5의 정답을 말하는 경우 주사위 던질 기회를 한 번 더 주는 식이다.

모노폴리
MONOPOLY

 2~6명

 약 100분

 8세 이상

돈 많은 돈주머니 아저씨

모노폴리의 히스토리

모노폴리는 전 세계에서 가장 많이 팔린 보드게임으로, 투자를 간접 경험하게 해주는 게임이다. 독점이란 뜻의 모노폴리는 아이러니하게도 1903년 미국의 독점 반대론자였던 리지 마기가 헨리 조지의 세금 이론을 설명하고자 만든 '랜드로드 게임'에서 유래했다. 개인 독과점의 부정적 측면을 교육할 목적으로 만들어진 이 게임은 1904년 특허를 따내고 1906년 자체 발행을 시작했다. 이 게임은 선형(출발점에서 시작해 결승점에서 끝나는 형태)이 아닌 순환형(출발점은 있으나 결승점 없이 순환하는 형태)의 보드판을 사용했으며, 보드 칸의 주인이 된다는 개념을 처음으로 도입하기도 했다.

이 게임을 모노폴리로 재탄생시킨 건 찰스 대로우다. 그는 친구 집에서 저녁 식사 후 랜드로드 게임을 하다 그 매력에 빠져 이를 연구하다 모노폴리를 탄생시켰다. 이후 1935년 파커 브라더스 사가 대로우의 상표권과 마기의 특허권을 사들여 정식 발매했고, 현재는 해즈브로 사가 상표권을 가지고 있다. 게임 일러스트에 있는 모자를 쓰고 지팡이를 든

남자는 모노폴리맨이다. 이는 미국 은행계의 전설로 불리는 JP모건을 모티브로 만들어졌는데, 정식 명칭은 "돈 많은 돈주머니 아저씨Rich Uncle Pennybags"다.

　모노폴리는 건물주가 꿈이라는 사람들이 늘어가는 추세를 예견이라
도 한 듯 보드 위에서나마 자기 이외의 모두를 파산시키면서까지 건물
주가 되는 꿈을 이루게 해주는 게임이다. 구성품으로는 보드, 주사위, 8
개의 말, 주택과 호텔을 세울 수 있는 건물과 땅의 권리증, 사회적 기금

과 찬스 카드, 돈이 있다. 주사위를 던져 나온 수만큼 보드에서 이동해 해당 칸의 토지를 사고 건물을 세우는 모노폴리는 그 이름에 걸맞게 같은 색의 도시를 독점하여 소유해야만 그 토지에 건물을 세울 수 있다. 건물 개수에 따라 임대료도 늘어나므로 소유한 땅에 골고루 건물을 많이 짓는 것이 주요 전략이다. 같은 색의 도시를 소유하기 위해 플레이어 간 매매도 가능한데, 이 점이 한국의 부루마블(1982년, 씨앗사)과 가장 구분되는 점이다. 나 이외의 참가자를 모두 파산시키는 게 목적이기 때문에 게임 소요 시간은 3~4시간으로 꽤 긴 편이다.

독점은 현실에선 해석의 여지가 분분할 요소이지만, 게임에선 허투루임하다간 파산할 수도 있다는 경고로 경제 개념을 확실히 익히도록 도와주는 장치다. 극적 장치의 긴장감 덕에 부동산 매매, 펀드 수익, 보험 만기, 유산 상속, 건물 보수 등 다소 어려울 수 있는 경제 개념을 스스럼없이 익히게 되는 것이다. 또한 재산이 늘수록 세금도 늘고 자산을 되팔 땐 반값이 된다는 규칙을 통해 무모한 투자가 위험한 것임을 알게 된다. 간접 경험으로나마 투자에 리스크가 동반됨을 깨닫게 한다는 점에서 경제 교육 프로그램이나 모의 부동산 투자 프로그램으로 봐도 좋겠다는 생각이다.

모노폴리의 최대 장점은 투자가 호락호락하지 않다는 사실을 단호한 방식으로 보여준다는 점이다. 주사위를 한 번 잘못 굴리거나 투자 상품을 잘못 선택하면 감당 못 할 손해가 발생해 투자에 신중해야 한다는 결론을 내릴 수밖에 없기 때문이다. 투자의 중요성을 냉혹하면서도 즐겁게 깨우쳐주는 방법 덕분에 아직도 보드게임에서 모노폴리의 독점이 이어지고 있는 게 아닌가 싶다.

모노폴리의 원조, 랜드로드 게임의 규칙

모노폴리에서 독점이라는 설정은 아이들이 경제를 이해하게 돕는 장치가 분명하지만, 교육적 우려가 없는 것은 아니다. 독점이라는 승리를 맛본 아이들이 현실에서도 독점을 당연하게 여길까 하는 염려 때문이다. 실제로 미국에는 모노폴리와 똑 닮은 독점 재벌이 있다. 바로 악착같은 독점으로 수많은 작은 회사들을 도산시키며 미국의 석유 시장 90퍼센트 이상을 독차지한 석유왕 록펠러이다.

　모노폴리 게임 관점에서 보면 그는 더할 나위 없이 완벽한 승자이지만, 현실에서 그는 독과점을 금지하는 반트러스트법과 사회적 맹비난으로 독점의 막을 내리게 된다. 눈여겨볼 건 그 이후 그의 행보이다. 59세에 사업에서 손을 뗀 록펠러는 97세의 나이로 생을 마감할 때까지 자선사업가가 되어 왕성한 자선 활동을 펼쳤다. 그가 설립한 록펠러 재단은 시카고 대학을 비롯한 수십 개의 대학과 수천 개의 교회를 지어 사회에 환원했고, 그도 모자라 기부를 통해 모마MoMA 현대미술관, 링컨센터 등을 설립하기도 했다. 현재 뉴욕의 시민들이 수도세를 내지 않는 이유도 록펠러의 유언에 따라 록펠러 재단이 상수도 요금을 대납해주고 있기

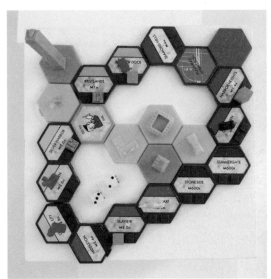

독점이란 뜻의 모노폴리는 아이러니하게도 1903년 미국의 독점 반대론자였던 리지 마기가
헨리 조지의 세금 이론을 설명하고자 만든 '랜드로드 게임'에서 유래했다.

때문이라고 한다. 이는 독점으로 승리를 거둘 수는 있지만, 그것이 최선이 아니라는 걸 보여주는 사례일 것이다. 그나마 록펠러가 독점해서 행복했던 건 나눔 덕분이다.

모노폴리의 원조인 랜드로드 게임에도 본래 독점 이외에 번영이라는 규칙이 하나 더 있었다. 누군가 토지를 사면 그에 대한 세금을 나머지 참가자들이 나눠 받는 형식으로 나눔을 강조한 규칙이다. 이를 토대로 모노폴리 게임에서도 나눔의 덕목은 얼마든지 가르칠 수 있다. 토지를 사고 받는 증서는 현금이 부족할 때 은행에 저당 잡히거나 상대와 협상을 통해 거래할 수 있는데, 보통 물러설 곳이 없는 상대는 헐값에라도 토지 증서를 팔려고 한다. 이때 그것을 액면가 그대로 사들이는 것은 나눔의 실천에 해당한다. 독점할 수 있는 결정적 순간에 상대의 절박함을 헤아려줬다는 사실로부터 진정 아름다운 모습은 어떠해야 하는지 깨닫게 되기 때문이다. 독점의 폐해에서 나눔의 실천까지 제대로 가르쳐만 준다면 모노폴리 속 독점도 분명 불명예를 벗어나 멋지고 현명한 투자법이 될 것이다.

Tips for Honey

부루마블에 익숙한 경우라면 모노폴리에 부루마블의 규칙을 적용해서 게임을 진행해도 상관이 없다. 같은 색의 토지를 모두 사들이지 않아도 된다거나, 토지 개발 시 원하는 땅에만 건물을 많이 올리는 방식을 허용하면 진행 속도가 빨라진다.
엄청난 인기를 누리는 모노폴리인 만큼 다양한 버전과 캐릭터화된 제품들이 출시되었으니 취향을 고려해 선택한다면 재미는 배가 될 것이다.

리처드 스캐리의
비지 타운

RICHARD SCARRY'S BUSY TOWN

 2~4명

 약 10분

 3세 이상

숨은 행운 찾기

비지 타운의 히스토리

리처드 스캐리의 비지 타운(이하 비지 타운)은 미국의 저명한 동화 작가 리처드 스캐리의 그림책을 기반으로 2009년에 원더 포지 사에서 만든 아동용 보드게임이다. 펜화에 가까운 그림으로 잡학사전 같은 동화를 만들기로 유명한 리처드 스캐리는 300종 이상의 동화책을 펴낸 작가이자 일러스트레이터이다. 그는 대학 졸업 후 큰 표지판을 그리는 일을 시작으로 〈보그〉를 포함한 잡지사에서 뉴욕을 홍보하는 일을 하다 리틀 골든 북스에서 경력을 쌓으면서 본격적으로 동화 작가로 발돋움했다.

그의 대표작으로 꼽히는 《Busy, Busy Town》은 바쁘게 돌아가는 마을에 의인화한 동물의 일상을 그려 넣은 작품으로 그들이 하는 일, 장소, 사물에 대한 명칭 등을 세세하게 알려주는 백과사전 같은 동화책이다. 책에는 고양이, 개, 돼지, 토끼, 사자, 하마, 여우 등 우리에게 익숙한 다양한 동물들이 등장하는데, 작고 아기자기한 그림과 함께 엉뚱 발랄한 이야기를 풀어 나간다. 특히 동물들이 주어진 자리에서 꾀를 부리지 않고 할 일을 하며 살아가는 일상을 그려내 아이들에게 언제나 완벽할

필요는 없지만, 성실과 정직이 중요하다는 철학을 보여주고 있는데, 그 건 스캐리의 동화가 가진 고유의 매력일 것이다.

게임은 거대한 게임판을 꽉 채운 스캐리의 그림에서 여러 가지 물건 을 찾고, 찾은 개수만큼 보드에서 이동하는 방식이다. 연결된 보드는 길 이가 2미터에 달해 대형 동화책을 펼친 모습이라 단연 시선을 끈다. 게 임의 목표는 피크닉 아일랜드에 있는 돼지에게 6가지 음식을 다 뺏기기 전에 그곳에 도착하는 것이다.

룰렛을 돌려 나온 결과에 따라 움직이면 되는데 1에서 4까지의 숫자
는 해당 수만큼 전진하라는 뜻이고, 돋보기는 카드에서 나온 물건을 가
능한 한 많이 찾아 찾은 수만큼 전진하라는 뜻이다. 게임의 승패를 좌
우하는 곳은 Pig's eat(돼지에게 먹이 주기) 칸이다. 이 칸에 걸리면 피크
닉 아일랜드에 있는 돼지에게 음식을 뺏기게 되는 무시무시한 곳이다.

이 게임은 일대일 경쟁 시스템이 아닌 보드게임을 하는 모두가 동물
선수단이 되어 돼지와 대결을 펼치는 설정 덕분에 협동의 중요성을 깨

닫기에 더할 나위 없이 좋다. 또한 특별한 전략 없이도 동화책 구석구석을 찾아보는 재미만으로 게임 진행이 가능해 3세가량의 유아들도 무리 없이 할 수 있다.

돼지가 게임에 빠진 날

리처드 스캐리의 대형 동화책이나 다름없는 비지 타운은 단숨에 아이들의 시선을 끌고 보드게임 경험이 전혀 없는 초보자들도 바로 참여할 수 있단 점에서 어린 자녀를 둔 부모들이 인생 첫 보드게임을 추천해달라고 할 때마다 소개하기를 주저하지 않는 게임이다.

하루는 아이가 다니는 어린이집에서 일일 부모 교사를 맡은 적이 있다. 처음엔 5세 아이들의 귀여운 에너지를 감당할 자신이 없어 주저했지만, 막상 제안을 받아들인 다음에는 잘 해내겠다는 욕심도 생겨 세세하게 준비물을 챙겼다. 언제 어디서나 아이들을 사로잡았던 보드게임 비지 타운부터 집어 들었고, 그 정도로는 성에 안 차 분홍색 돼지 모자까지 따로 주문했다.

수업 당일 돼지 모자와 색깔을 맞춘다며 분홍색 블라우스를 꺼내 입고 등장했더니 진짜 돼지가 등장한 것 같았는지 아이들은 말없이 눈만 휘둥그레졌는데, 눈치도 없이 영어로 게임 규칙을 설명하자 아이들은 저마다 당혹스러운 표정을 지었다. 이대로 일일 교사 임무를 망칠 수는 없어 곧장 한국말로 바꿔 수업을 진행했더니 그제야 진정이 되는가 싶었

게임의 목표는 피크닉 아일랜드에 있는 돼지가
6개의 음식을 다 먹어 치우기 전에 그곳에 도착하는 것이다.

는데, 이번엔 아이들이 서로 룰렛을 돌리겠다며 돼지 앞으로 너도나도 몰려들기 시작했다. 이렇게 수업이 끝장나는구나 싶은 바로 그때 규칙을 이해한 아이들은 엄청난 반전을 보여줬다. 누구랄 것 없이 서로 도우며 숨은 그림을 찾는 데 안간힘을 썼고, 친구 중에 누구라도 하나를 찾아낼 때마다 잘 찾았다고 칭찬을 아끼지 않았다. 더욱이 가르쳐주지 않았는데도 뒤처지는 친구를 합류시키기도 했고, 'Pig's eat'이 나오는 불리한 순간에도 누군가를 탓하지 않았다. 그런 아이들의 협동은 행운을 불러와 돼지가 음식을 먹어 치우기 전에 모든 동물을 피크닉 섬에 도착하게 해 나의 일일 교사 체험을 성공적으로 마칠 수 있게 해줬다.

쉽지 않을 걸로 예상했던 5세 대상 보드게임 수업을 즐겁게 마무리한 것만도 고마운데, 자발적으로 협동하는 아이들의 귀한 몸짓과 태도, 따뜻한 본성을 목격했던 건 정말이지 생각지도 못한 큰 선물이었다. 그날 아이들과 내가 비지 타운에서 찾은 건 숨은 그림이 아니라 숨은 행운이었다.

Tips for Honey

극적 긴장감을 위해 소품 등으로 현실감 넘치는 돼지 분장을 하는 것도 아이들에게 좋은 추억이 될 수 있다. 게임 구성품에 있는 음식 대신 캔디, 젤리, 초콜릿 같은 실제 음식을 활용한다면 돼지에게 빼앗기지 않으려는 승부욕을 더욱 자극하고 협동심도 더 강해질 것이다. 추천하고 싶은 리처드 스캐리의 동화책으로는 《Great Big Schoolhouse》와 《Cars and Trucks and Things that Go》가 있으며, 그의 그림이 활용된 다른 보드게임으로는 비지 비지 에어포트가 있다.

파치시
PARCHEESI

2~4명

약 30분

5세 이상

"업지 마세요. 남에게 양보하세요!"

파치시의 히스토리

인도의 왕족 게임으로 알려진 파치시는 우리의 윷놀이와 닮은 게임이다. 왕이 파치시를 즐겨 궁전의 정원 바닥을 대형 보드로 만들 정도였다고 전해지는데, 아그라와 알라하바드 궁전에는 오늘날까지도 파치시 정원의 흔적이 남아 있다.

당시의 게임 방식은 주사위 대신 6개의 동글한 조개껍데기를 사용하여 조개의 입이 보이는 쪽으로 떨어진 개수만큼 움직이거나 점수를 받았다고 알려진다. 그 개수가 0 또는 1이면 특별 점수를 받았는데, 1일 때는 10점, 0일 때는 최고 점수인 25점을 받았다고 한다. 힌디어로 25를 뜻하는 단어가 파치시Paccis인데, 이 때문에 게임 이름이 되었다.

고대 문헌《마하바라타》에서 '파샤Pasha'라고도 불리는 이 게임은 미국과 영국으로 건너간 이후 유명 인사들도 즐길 만큼 손꼽히는 인기작이 되었는데, 서양에서는 루도Ludo라는 이름으로 더 많이 알려져 있다. 다양한 버전이 존재하지만, 재미만큼은 전 세계 공통일 정도로 파치시

는 이 분야에서 오랜 강자이다.

인도 출장 중에 남편이 현지에서 사 온 파치시는 수공예품으로 디자인과 규칙에서 약간의 차이를 보인다. 보드 대신 도톰한 천 위에 그려진 십자 모양의 경로는 수작업으로 채색되어 있고, 네스트(말 보관 칸)에는 연꽃이, 결승점에는 코끼리가 그려져 있다. 일반 주사위 대신 나무로 길쭉하게 만들어진 직육면체 주사위를 사용하는데 눈의 종류는 1, 3, 4, 6 뿐이다. 사람 형상을 본뜬 말을 사용하는 대신 4가지 종류의 색이 다른

구슬을 쓰는 것도 특이한 점이다. 파치시뿐만 아니라 오랜 전통의 보드 게임에서는 규칙이 추가되거나 변형되는 사례가 흔하다. 맥락은 일맥상 통하므로 큰 틀의 규칙을 먼저 이해하면 문제될 것은 전혀 없다.

일반적인 파치시는 게임판, 주사위 2개, 4가지 색의 말 16개로 구성 돼 있는데, 게임 말 색상을 선택해 출발점에 놓고 시작하면 된다. 보드 를 펼치면 네 귀퉁이 부분에 출발 전 각자 말을 보관하는 네스트가 그 려져 있고, 네스트의 왼쪽에는 경로로 진입하는 출발점이 표시되어 있다. 2개의 주사위를 던져 나온 수의 합만큼 이동해도 되고 2개의 말을 각각 움직여도 되는데, 두 주사위에서 같은 수가 나오면 윷놀이의 윷이나 모처럼 다시 던질 기회가 주어진다. 도착하는 자리에 나의 말이 있다면 업을 수 있고, 상대방의 말이 있다면 잡아먹을 수 있으며, 잡아먹힌 말은 네스트로 돌아가야 한다. 정중앙에 있는 도착점에 들어가기 위해선 반드시 도착 입구에 정확히 멈춰야만 한다. 이때 주사위 수가 정확히 나오지 않으면 이 입구를 지나치게 되어 다시 한 바퀴를 돌아야 한다. 가장 먼저 모든 말이 도착하는 사람이 우승하게 된다.

때로는 무거운 짐을 내려놓자

십자 모양의 게임판에 주사위나 윷을 던져 말을 이동시키는 파치시는 우리 가족의 애장품 중 하나다. 묘하게 중독성이 있는 데다 윷놀이와 닮아 규칙을 이해하기도 쉬워 손이 자주 가는 터라 늘 다른 보드게임들 맨 위에 구겨지지 않게 잘 보관 중이다.

파치시와 윷놀이는 닮은 점이 많지만 몇 가지 차이점이 있다. 윷놀이는 원형이나 사각형의 순환하는 모양의 경로를 갖지만, 파치시는 경로가 십자 모양을 하고 있어 출발점과 도착점이 다르다. 가장 큰 차이는 말을 업고 가는 규칙인데, 파치시에서는 한 번 업은 말을 끝날 때까지 업고 가는 게 아니라 원한다면 언제든지 분리해서 따로 움직일 수 있다. 업고 가면 동시에 두 말을 움직여 시간 단축에는 유리하지만, 잡아먹힐

인도의 왕족 게임으로 알려진 파치시는
우리의 윷놀이와 닮은 게임이다.

땐 한꺼번에 2개가 원점으로 돌아가야 하기 때문에 이런 불상사를 막기 위해 만들어진 규칙이다. 물론 그 덕에 절묘한 갈등의 순간이 초래되기도 한다.

실제로 파치시를 하다 보면 업을 기회를 마다하는 경우는 드물다. 아이들조차도 두 말이 동시에 움직이는 효율을 모를 리 없기 때문이다. 그렇게 꼭 붙어 있던 두 말 뒤에 상대방의 말이 따라붙으면 얘기가 달라진다. 혹시라도 잡아먹혀 둘 다 잃기 전에 이제라도 분리해야 맞는 것인지, 아니면 운에 맡기고 그대로 업고 갈 것인지 고민에 빠지는 것이다. 대부분은 업고 가기를 선택한다. 욕심일지, 책임감일지 혹은 용기일지 모를 일이지만, 내 손으로 기회를 쳐내기란 쉬운 일이 아니니까 말이다. 참으로 신기한 건 운명의 장난인지 업고 가는 말들은 유독 잘 잡아먹힌다. 그리고 그런 허탈한 결말 뒤에야 업고 가는 게 반드시 정답은 아니란 사실을 깨닫게 되고 말이다.

이것은 파치시가 보여주는 삶의 지혜이기도 하다. 우리는 때로 막중한 책임감에 억눌리는 경험을 한다. 사회 초년생일 땐 열의에 불타 내가 짊어지고 가는 게 옳다고 생각하기도 하고, 어느 때엔 그저 거절하기가 힘들어 책임감에서 벗어나지 못하기도 한다. 또 결혼과 육아처럼 인생에서 처음 겪는 큰 이벤트에서는 무조건 이고 지고 가는 게 맞다고 착각하는 때도 있다. 그 결과가 성취가 아니라 번아웃 증후군이라는 걸 알기 전까진 말이다. 업고 가는 일이 책임감이라고 믿게 되면 누구나 일순간 심신이 쇠약해지고 무기력과 좌절감에 빠질 수 있다.

파치시의 업는 규칙은 우리에게 관용을 베푸는 듯하다. 업고 가도 되지만, 내려놓고 가도 된다고 말이다. 쾌속으로 결승점에 도착하는 것만이 책임감이나 성취가 아니고, 내려놓고 가는 것도 포기가 아니니 안심하라고 일러두는 것이다. 원한다면 언제든지, 얼마든지 내려놓으라고 규칙으로까지 알려주면서 말이다. 과도한 책임감으로 업고 가기를 늘 자처하는 당신이라면 영순위로 책임감을 느낄 대상은 언제나 자기 자신임을 잊지 말아야 할 것이다. 나 자신에게 던지는 말이기도 하다.

Tips for Honey

한국의 윷놀이에 파치시 규칙을 적용하면 새로운 흥미를 느낄 수 있다. 정확하게 떨어지는 수로만 도착지에 도착할 수 있다는 규칙이 대표적이다. 예를 들면 도착지까지 세 칸 남았을 때 반드시 걸이 나와야만 도착할 수 있고, 그 이상이 나오면 다시 한 바퀴 도는 식으로 말이다.
또한 업고 가는 말을 파치시처럼 분리할 수 있도록 허용하는 것도 색다른 재미로 다가올 것이다.

피드 더 키티
FEED THE KITTY

 2~5명

 약 10분

 3세 이상

끝날 때까지 끝난 게 아니다

피드 더 키티의 히스토리

피드 더 키티는 고양이 먹이 주기를 통해 쥐를 확보하는 게임으로, 2006년 게임라이트 사에서 출시되었다. 공식 홈페이지에서는 이 게임을 고양이의 삶만큼 단순하다고 소개하고 있는데, 그런 만큼 3세 이상의 아이들이라면 충분히 시도해봄 직하다. 특히 보라색 목각 쥐를 산뜻한 고양이 밥그릇에 넣는 일은 아이들로 하여금 고양이 집사가 된 기분을 느끼게도 해줄 것이다. 숫자 세기의 개념을 익힐 수 있지만, 이 게임은 무엇보다 행운이 언제 나타날지 모른다는 희망의 메시지를 전해주는 것에 목적을 둔다.

게임은 인원에 맞게 쥐를 분배하고 남는 쥐가 있다면 고양이 밥그릇에 넣어두는 것으로 시작한다. 2개의 주사위에는 고양이 밥그릇에 쥐를 넣기, 밥그릇에서 쥐를 가져오기, 옆 사람에게 쥐를 주기, 그냥 자고(가만히) 있기, 이렇게 4가지 행동 양식이 그려져 있다. 플레이어는 주사위 2개를 던져 나온 그림이 지시하는 대로 행동하면 되고 최종까지 쥐가 남아 있는 사람이 우승자가 된다.

피드 더 키티는 고양이 먹이 주기를 통해 쥐를 확보하는 게임으로,
3세 이상의 아이들이라면 충분히 시도해봄 직하다.

게임 방식이 단순해도 너무 단순해 무슨 재미와 감동이 있을까 싶지만 섣부른 판단은 금물이다. 구사일생 규칙이 있기 때문인데, 피드 더 키티에서는 소유한 쥐를 모두 잃었다 해도 경기가 끝나지 않은 상태에서 옆 사람에게 쥐를 건네받으면 그 즉시 다시 경기에 참여할 수 있다. 다 끝났다고 생각하는 순간 다시 기회가 주어지는 패자부활전처럼 끝날 때까지 끝난 게 아님을 고양이와 쥐를 통해 알려주는 것이다.

9회 말 2아웃, 끝날 때까지 끝난 게 아니다

야구의 9회 말 2아웃을 사랑해 마지않는다. 질 게 뻔해 보이는 게임에서 역전을 장담한다는 기세로 타자가 등장하는 모습에 희망을 얻기 때문이다. 비록 매번 역전에 성공하는 건 아니지만, 실패로 끝날지라도 희망을 보여준 기세등등한 선수들은 우리에게 더 이상 패자라고 불리지 않는다. 거기에 박수를 보내는 우리도 덩달아 패자가 아니고 말이다. 포기하지 않는 것에서 희망을 봤으니까.

지는 상황에서도 역전 홈런을 날리고야 말겠다는 자세로 방망이를 세차게 휘두르는 그 정신력은 부모가 자식에게 쥐여 주고픈 영순위 지혜가 아닐까 싶다. 피드 더 키티가 널리 사랑받았으면 하는 이유도 바로 여기에 있다. 고양이와 쥐가 우리에게 그 지혜를 다소곳이 알려주니까 말이다.

풍요가 넘쳐나서일까. 요즘 우리는 포기를 쉽게 생각하는 듯하다. 어려워 보이면 시도도 하지 않고, 하다가 힘들면 중도에 관두기도 잘하며, 심지어 집념과 끈기를 미련함으로 치부하는 일도 적지 않아 보인다. 인생의 9회 말 2아웃에서 더욱 필요한 덕목이 포기하지 않고 방망이를 휘두르는 정신력이라는 사실을 정녕 모른 척하고 싶은 것일까?

이 게임은 우리 가족에게 포기를 모르는 마음이 얼마나 멋진 결과로 이어지는지를 보여줬다. 4인 가족이 나눠 가지는 쥐는 고작 5마리에 불과해 주사위 몇 번 굴리고 나면 금방 동이 나고야 만다. 2개의 주사위가 모두 고양이나 옆 사람에게 쥐를 주라고 나올 때가 허다해 허무한 속도로 쥐가 사라져버리는 것이다. 그날따라 게임이 시작된 지 2분여 만에 둘째는 쥐를 모두 잃었다. 누가 슬쩍 건드리기만 해도 눈물이 터질 것처럼 울상이 된 아이 옆에서 아빠가 무심코 주사위를 굴렸는데, 주사위에서 무려 화살표가 2개나 나왔다. 이것으로 아이는 극적으로 쥐 두 마리를 얻게 된 것이다. 고작 목각 쥐 두 마리에 둘째는 세상을 다 가진 사람처럼 화색이 돌더니 그 기사회생을 시작으로 고양이 밥그릇에서 쥐를 가져오기도 하고 또다시 아빠에게 쥐를 받기도 해 결국 게임의 승자까지 되었다. 둘째는 함성을 지르며 기뻐했다.

그때 아이가 느낀 건 역전의 희열만이 아니라 패색이 짙은 절망 속에서도 절대 끝날 때까지 포기해서는 안 된다는 희망이었을 것이다. 쥐가 한 마리도 없다가 순식간에 열 마리도 넘게 늘어나는 역전의 순간을 직접 경험함으로써 어떤 경우에라도 포기하지만 않는다면 쥐는 생길 수 있단 사실을 배웠으니까 말이다.

물론 인생이나 게임에서 모든 패자가 부활하는 건 아니다. 일부만이

다시 살아나 기회를 얻고 경기에 참여하지만, 승리를 보장해주는 건 여전히 없다. 중요한 건 부활하는 장면을 지켜보거나 겪었다는 사실만으로 포기하지 않을 이유를 얻었다는 것이다. 정말 끝이라고 믿었던 절망의 순간에 봤던 솟아날 구멍 덕분에 포기하지 않을 이유가 확실해졌기 때문이다. 그 믿음만 있다면 백 번을 지더라도 백 번의 희망을 볼 것이다.

Tips for Honey

게임명과 관련한 절묘한 언어유희가 있다. Feed the kitty는 말 그대로 해석하면 '고양이에게 먹이를 주자'라는 의미지만, 도박에서 kitty는 '판돈'이라는 의미도 있어 카지노에서 '판돈을 늘린다'는 표현으로 쓰이기도 한다.

쏘리
SORRY

 2~4명

 약 30분

 5세 이상

"미안해" 한마디가 천 냥 빚을 갚는다

쏘리의 히스토리

쏘리는 게임회사의 블로그에서조차 '본격 사과 전문 보드게임'이라고 소개할 정도로 경기 내내 미안함을 느껴야 하는 게임이다. 파치시에서 유래되어 그 구조와 규칙이 닮아 미국식 윷놀이라고도 불린다. 최초 생산지는 영국이었지만, 현재는 미국의 해즈브로 사가 판권을 가지고 있다. 쏘리는 대표적 가족 오락용 게임으로서 1998년에는 전자 게임으로 만들어지고, 다채로운 질문이 추가된 'Sorry! Not Sorry!'로 패러디되기도 했다. 미디어에도 자주 노출되는 게임이므로 눈여겨보기만 한다면 쏘리의 인기를 어렵지 않게 확인할 수 있을 것이다.

쏘리 게임은 보드와 말 그리고 윷놀이의 윷을 대신하는 카드 45장으로 구성된다. 게임은 자기 말과 같은 색의 출발점에 말들을 올려놓고 시작하는데 잘 섞인 카드를 한 장씩 뽑아 지시 사항대로 움직이면 된다. 카드에는 1에서 12까지 전진 또는 후진하라는 지시 사항이 적혀 있다. 그중 숫자 1, 2는 시작점에서 말을 움직일 수 있는 출발 카드이며, 이와 달리 확장 버전에서 1은 얼음 고리를 사용하는 카드, 2는 불 고리를 사용하는 카드로 쓰인다. 숫자 4는 4칸을 후진하는 카드이고, 숫자 10과 11은 2가지 지시 사항 중 하나를 선택할 수 있는 카드이다. 숫자 7은 특수 카드로 불리는데, 7칸을 이동하거나 수를 분리해서 전진할 수도 있어 정확한 수가 나와야 하는 순간 요긴하게 쓰인다.

게임의 백미인 쏘리 카드는 상대방의 말과 출발점의 내 말의 위치를 바꿀 수 있는 카드다. 상대 말을 출발점으로 돌려보내는 일은 참으로 미안한 일이라서 카드 이름이 쏘리 카드인 것이다. 종종 출발점에 나의 말이 없는 때도 있는데 그런 경우라면 나의 말을 4칸 전진하면 된다.

보드 위 슬라이드 칸도 알아야 할 기본 규칙이다. 삼각형이 그려진 슬라이드 시작 칸에 도착하면 슬라이드 종착지까지 미끄러지면서 그 구간에 놓인 상대 또는 나의 말을 모두 쳐내 출발점으로 돌려보낼 수 있다. 어찌 보면 쏘리 카드보다 더 미안해지는 구간이기도 하다. 대신 나의 말도 같이 보내질 수 있으므로 선택을 잘해야 한다. 도착지인 홈으로 가기 위해서는 더 이상 공격받지 않는 안전지대에 들어가야 하는데, 이때는 정확한 입구 지점에 도착해야 하므로 앞서 말한 숫자 7 카드를 활용하면 좋다. 쏘리 게임에서는 같은 말끼리 업을 수 없다는 규칙이 있어 한 칸에는 언제나 하나의 말만 존재할 수 있다. 이렇게 모든 말을 홈으로 먼저 보내는 사람이 미안하게도 쏘리의 승자가 된다.

쏘리는 게임회사의 블로그에서조차 '본격 사과 전문 보드게임'이라고 소개할 정도로
경기 내내 미안함을 느껴야 하는 게임이다.

본격 사과 전문 보드게임

쏘리 게임은 기본 규칙만 알면 되고 사실상 대부분 운에 의해 승패가 결정된다. 이렇듯 운에 좌우되는 게임을 할 때 기억해야 할 점이 있다면 이겼더라도 행운 앞에 겸손해야 한다는 것이다. 실력으로 이겨도 뽐내면 예의가 아닌 승부의 세계에서 심지어 실력도 아닌 운으로 얻은 걸 두고 우쭐대는 건 더더욱 예의가 아닐 테니까 말이다. 어쩌면 그것이 게임명을 쏘리로 짓게 된 이유가 아닐까 싶다.

"이번 판은 내가 행운을 다 가져가버려서 미안해."

잡을 수 있을까, 잡히게 될까? 연신 손에 땀을 쥐게 하는 쏘리에서 가장 자주 듣게 되는 말은 "미안해"이다. 말로써 사과하라는 규칙은 없지만, 학생들과 이 게임을 할 때는 임의로 규칙 하나를 추가했기 때문이다. 쏘리 카드가 나올 때마다 "미안해"라고 사과하기로.

신기한 건 처음엔 웃으면서 장난처럼 말하던 아이들이 시간이 흐를수록 진심에 가깝게 미안하다고 말한 것이다. 진짜 미안한가 싶을 정도로. 어느 땐 쏘리 카드가 아니더라도 자동반사적으로 미안하단 말이 튀어나오기도 했다. 사과하는 게 습관이라도 된 것처럼 말이다. 진심이 담겼는지 아닌지도 모를 "미안해" 한마디는 쌓이고 쌓여 제법 큰 효력을 남기기도 했다. 결승점까지 얼마 안 남은 내 말을 잡아먹은 한 학생이 "미안해"라고 하자마자 그 아이가 그리 얄미워 보이지 않았으니까. 이것이 바로 쏘리의 힘! "미안해"라는 3음절의 힘은 이토록 대단했다.

현실에서 사과하지 못하는 마음은 자존심에서 출발한다. 사과하는 일이 자기를 우스워 보이게 만들고 자신의 위상을 떨어트릴 거라 생각해 잘못을 인정하지 않는 것이다. 사과의 타이밍을 놓쳐 밤새워 뒤척이며 괴로워하면서도 버티기로 작정했으니까 차라리 합리화라도 하며 끝끝내 "미안해"라고 말하지 않기도 한다. 버틸수록 힘든 것도 나 자신이고, 사과하지 않을수록 초라해지는 것도 나 자신인데 말이다.

쏘리 게임을 하면서 외쳤던 "미안해"는 빠르고 정확하게 반복될수록 큰 힘을 보여줬다. 게임에서 이 정도 효과라면 현실에서의 "미안해" 한마디는 천 냥 빚을 갚고도 남지 않을까.

Tips for Honey

2016년에 해즈브로 사를 통해 출시된 쏘리에는 몇 가지 변경 사항이 추가되었다. 기존에 없던 불 고리와 얼음 고리가 생겨났다. 얼음 고리는 상대 말에 걸어 상대 말을 움직이지 못하게 할 때 쓰고, 불 고리는 나의 말을 불 칸으로 이동하게 할 때 쓴다.
두 고리 사이의 대적 포인트를 활용해 가장 유리한 말에 고리를 거는 것이 중요하다. 이를 응용해 자신만의 고리를 창작해보는 것도 추천한다. 이를테면 꽃 고리를 만들어 원하는 칸으로 이동할 수 있는 기능을 넣는 식으로 말이다.

인생 게임

THE GAME OF LIFE

 2~6명

 약 60분

 7세 이상

삶은 선택과 책임의 연속이다

인생 게임의 히스토리

인생 게임은 삶의 여정을 한 폭의 보드에 담아 우리가 살아가면서 무엇을 선택하고 어디에 집중해야 하는지 간접적으로나마 경험하게 해준다. 이 게임의 원조는 1860년 밀튼 브래들리 사에서 출시된 체커드 게임 오브 라이프로, 최초에는 체커보드 모양을 사용했으나, 약 100년에 걸쳐 추가와 변경을 거듭한 끝에 1960년 지금의 형태를 갖추게 되었다. 모노폴리, 우노, 클루 등과 함께 2010년 미국 장난감 명예의 전당에 오르기도 했다.

인생 게임은 그 명성에 힘입어 TV 쇼의 플랫폼이 되기도 했는데, 미국의 The Hub 채널에서는 자동차를 타고 가면서 인생의 선택지에 답하는 인생 게임 쇼를 8개월 동안 방영하기도 했다.

이 게임에는 대학, 직업, 돈, 집, 결혼, 자녀 등 실제 인생에서 마주하는 가장 굵직한 선택지들이 들어 있다. 룰렛을 돌려 도착하는 칸마다 각각을 선택하고 책임져야 한다. 인생 게임은 우리에게 인생의 선택을 미리 예습시켜주는 유쾌하면서도 심오한 조력자가 아닐까 싶다.

선택의 연속인 인생 게임은 출발점에서 대학과 직장 중 하나를 선택하는 것으로 시작된다. 이 선택의 갈림길은 가장 신중해야 할 구간이다. 평균적으로 대학을 입학하게 되면 결승점까지 먼 길을 가야 하지만 높은 연봉을 확보할 수 있고, 반대로 직장을 선택하면 연봉은 적어지지만, 경로가 단축되기 때문이다. 소장하고 있는 인생 게임은 스펀지밥 버전으로 총 3개의 주황색 필수 선택 코스가 있는데, 여기서 중요한 건 반드

시 멈춰서 직업, 애완동물, 집을 선택해야만 한다는 것이다. 인생 게임에서는 각각의 칸마다 선택해야 하는 일이 달라지는데, 주황색 라이프 칸은 라이프 카드를 뽑아 거기에 명시된 수만큼 라이프 타일을 가져오는 칸이고, 연두색 복권 칸은 스피너를 돌려 해당 숫자가 나오면 당첨금을 받을 수 있는 칸이다. 회오리 문양이 그려진 보라색 칸은 스피너를 한 번 더 돌릴 기회를 얻는 칸이다. 그 밖에 월급을 받는 월급날 칸, 직업을 바꾸는 이직 칸, 각종 비용을 지출하는 지출 칸, 집세를 내는 집세 칸이

있다. 이 끝없는 선택의 여정을 무사히 마쳐 최종 목적지에 다다르면 비로소 인생 게임의 우승자가 된다. 이때만큼은 선택에 대한 고민 없이 휴식을 취하며 승리를 만끽할 수 있다.

탄생과 죽음 사이에서

인생은 B(탄생, birth)와 D(죽음, death) 사이의 C(선택, choice)라는 말이 있다. 프랑스 철학자 사르트르의 명언 '우리는 우리의 선택이다We are our choices'를 재해석해 인생은 끊임없는 선택의 연속이고, 그 결과에 대한 책임은 우리에게 있다는 걸 강조한 말이다.

우리 가족의 '인생 게임'인 인생 게임에도 출발과 도착 사이에는 수많은 선택이 있다. 도착하는 칸마다 다양한 선택지가 펼쳐져 대학에 입학해야 할지, 회사에 갈지, 직업을 바꿀지 말지, 어떤 집을 고를지 등을 선택하며 보드 위를 달려가는 것이다. 언제 누가 먼저 도착할지 모르는 미지의 상황 속에서도 네모바지 스펀지밥처럼 씩씩하게 웃으면서 말이다.

그러고 보면 인생 게임의 캐릭터들은 선택의 기로에서 우리가 취해야 할 태도를 보여주는 듯하다. 보드 위의 캐릭터들은 선택한 후에 뒤돌아보지 않는다. 대학에 가기로 마음먹었으면 도착지까지 갈 길이 멀어져도 나중에 월급을 더 많이 받을 수 있다는 희망으로 나아갈 뿐 직업을 선택하지 않았다고 후회하지 않는다. 선택에 대한 책임이 자신에게 있다는 걸 아는 것이다.

인생 게임은 삶의 여정을 한 폭의 보드에 담아
우리가 살아가면서 무엇을 선택하고 어디에 집중해야 하는지
간접 경험하게 해준다.

그들은 선택이 최선이 아니라고 생각되면 기회가 주어질 때 또 다른 최선을 찾는 일에도 능숙하다. 직업을 바꿀 수 있는 칸에서 현재의 직업을 두고 고심한 끝에 내게 유리해질 수 있는 직업 카드를 골라 다음 갈 길을 저벅저벅 걸어 나간다. 이미 했던 선택을 밑거름으로 더 나은 것을 찾는 것에 주저함이 없는 것이다.

수많은 선택지 앞에서 속단하지도 않는다. 비용을 지출해야 하는 칸만큼 월급을 받는 칸이 있단 사실도 알고, 인생에 간혹 찾아오는 큰 기회들처럼 복권 칸에선 큰돈을 벌 수 있다는 사실도 알기 때문에 파산 직전의 순간에도 낙담하지 않고 갈 길을 간다. 선택의 기회가 있다는 건 희망도 남아 있다는 뜻임을 아는 것이다.

선택은 무엇을 선택했느냐가 아니라 그 선택에 대해 어떻게 책임지느냐에 더 큰 가치가 있다. 옳은 걸 선택하고 최선을 선택했다면 가지 않은 길에 아쉬움을 남기지 말아야 할 것이다. 또한 이미 한 선택은 되돌릴 수 없고, 내가 선택한 길은 오직 내가 책임져야 한단 사실도 기억하자. 인생이란 길이 언제 어떻게 끝을 맺을지 모르는 만큼 선택 이후의 모든 시간 낭비는 어리석은 일이니까 말이다.

인생 게임을 하는 아이들의 표정을 보면 스펀지밥만큼이나 밝고 해맑기만 하다. 선택지 앞에 고심하는 어른들과 달리 아이들은 그저 명랑한 모습으로 그 끝없는 선택지 앞에서 달라지는 결과를 즐길 뿐 자신의 선택을 후회하지 않는다. 혼자서 보드를 조립해놓고 같이 놀자고 엄마를 초대할 때만큼이나 주도적으로 선택하며 목적지를 향해 한발 한발 나아간다. 지난번에 가보지 못했던 길을 이번에 가볼 기회가 생기면 감사하게 여기며 행복해할 줄도 안다. 마치 인생을 어떻게 살아야 하는지 예행연습을 만족스럽게 끝낸 모양새이다. 이것이 인생 게임이 우리 가족의 '인생 게임'이 될 수밖에 없는 이유다.

인생 게임은 미국 이베이에서 중고로 낙찰받은 꾸러미 속에서 발견한 게임이었지만, 우리에게 더할 나위 없는 최고의 게임이 되어 무엇이 진정한 행복인지를 알려주었다. 나는 오늘도 인생 게임을 펼 작정이다. 보드게임은 내가 할 수 있는 최고의 선택이자 우리 가족을 이어주는 사랑이니까.

Tips for Honey

인생 게임에서 선택의 순간마다 스스로 선택할 때까지 기다려주는 건 아이가 삶을 주도적으로 궁리하는 계기로 이어질 수 있다.

게임에서도 인생에서도 누구에게나 스스로 선택할 권리가 있으며, 그 결과에 책임을 져야 한다는 사실을 알게 하는 것만으로도 이 게임은 제 몫을 다한 것이다. 덧붙여 보드게임으로 사랑과 행복을 확인하는 건 언제나 최고의 선택이다.

Special Thanks to

촬영 장소를 허락해주신 메이필드 호텔, 당진 로드 1950 카페, 가평 에델바이스 스위스 테마파크, 경기미래교육 파주캠퍼스, 양평 더힐 하우스, 의정부 카페 아를, 포천 시나몬 더 라이브, 이천 인디어라운드, 미라지 가구, 용인 조아인 스튜디오 카페, 교보문고 서현점, 서울 암사동 유적, 송도 트리플 스트리트, 수원 난 식당, 경기 광주 머메이드 레시피 카페, 양평 카포레와 멋진 사진을 찍을 수 있도록 영감을 주신 사진작가 이재님께 무한한 감사를 전합니다.

재미가 배움이 되는 시간
인생 보드게임

1판 1쇄 인쇄 2023년 2월 6일
1판 1쇄 발행 2023년 2월 25일

지은이 박윤미·정인건
펴낸이 이선희

책임 편집 이선희
편집 전진 구미화 박소연
모니터링 나해진 지문희 김예빈 강해솔 박연주
디자인 이효진
마케팅 정민호 이숙재 박치우 한민아 이민경 박진희 정경주 정유선 김수인
브랜딩 함유지 함근아 박민재 김희숙 정승민 고보미
제작 강신은 김동욱 임현식
제작처 천광인쇄사(인쇄) 신안문화사(제본)

펴낸곳 (주)나무의마음
출판등록 2016년 8월 25일 제406-2016-000107호
주소 10881 경기도 파주시 회동길 210
문의전화 031-955-2696(마케팅) 031-955-2643(편집) 031-955-8855(팩스)
전자우편 sunny@munhak.com

ISBN 979-11-90457-25-5 03370

○ 나무의마음은 (주)문학동네의 계열사입니다.
○ 잘못된 책은 구입하신 서점에서 교환해드립니다.
기타 교환 문의: 031-955-2661, 3580

www.munhak.com